포스트 코로나, 라틴 비즈니스 커뮤니케이션

잃어버린 10년, 다시 시작할 10년

10

추천사

'저평가 우량주' 중남미와 신뢰구축을 위한 소통의 길잡이

중남미와 우리와의 관계를 더욱 강화하기 위해서는 어떻게 해야 할까? 이는 제가 중남미 업무를 다루면서 끊임없이 생각해 오던 주제입니다. 저는 오랫동안 '저평가 우량주'인 중남미의 매력을 우리 국민에게 어떻게 알리는 것이 좋을지에 대해 고민해 왔습니다.

물론 과거에 비해서는 교역, 투자는 물론 다양한 분야에서 한.중남미 관계가 상당한 정도로 발전되었습니다. 그리고 중남미와 비지니스를 확대해 나갈 여건이 마련된 것은 고무적입니다. 칠레, 콜롬비아, 페루, 중미 5개국과의 자유무역협정이 체결되어 있고, 중남미 지역의 다자개발은행인 미주개발은행(IDB)과 중미경제통합은행(CABEI)에 가입하였습니다. 그리고 중남미에는 K-pop을 비롯한 한류문화가 여타 다른 지역에 비해 큰 인기를 얻고 있습니다.

중남미 진출을 위한 이러한 긍정적인 요인에도 불구하고, 여전히 도전적인 요인이 많습니다. 중남미가 우리의 반대편에 위치하고 있는 관계로 가지게 되는 심리적 거리감과 중남미가 우리와는 문화적으로 다를 것이라는 인식이 가장 큰 도전입니다. 더욱이 2년 전부터 발생한 코로나19는 또 다른 장애가 되고 있습니다.

며칠 전 황 자문위원이 지난해부터 준비해 오던 '라틴 비즈니스 커뮤니케이션'을 집필하였다고 알려 왔습니다. '라틴 비즈니스 커뮤니케이션'의 내용을 보니 한중남미협회 자문위원인 저자도 저와 같은 고민을 한 끝에 이 책을 내기로 한 것으로 생각됩니다. 이 책은 총 5부로 나누어져 있는데, 그 내용은 제가 가지고 있던 고민을 상당한 정도로 해결할 수 있는 내용이 들어 있어 매우 반가운 마음입니다.

제1부에서는 중남미 시장현황과 우리와의 관계를 분석하였고, 제2부에서는 중남미 기업인들이 비즈니스에 임하는 태도 등에 대하여 문화적인 측면에 주안점을 두고 접근하였고, 제3부에서는 이들과 가질 여러 커뮤니케이션 방식에 대하여 주의할 점을 기술하였고, 제4부에서는 비대면 대화가 주류를 이루는 코로나19 시대의 소통방식을 소개하였고, 제5부에서는 중남미와의 비즈니스에서 자주 제기되는 궁금한 사항에 대해 설명하고 있습니다.

저는 외교에 있어서나 비즈니스에 있어 가장 중요한 기본은 '신뢰 구축'이라고 믿습니다. 이를 위해서는 서로의 다름을 이해하고 오해를 가져올 만한 사안에 대해 미리 대비하는 것이 기본입니다. 이 책은 중남미 비즈니스에 있어서의 효과적인 소통방식을 제시하고, 성공적인 비즈니스 관계를 위한 방향을 알려주고 있습니다. 특히 코로나19 시대에 있어 주류를 이루는 비대면 비즈니스에 유용한 커뮤니케이션 방식을 제시한 것은 특기할 만합니다. 이런 의미에서 이 책은 중남미와 비즈니스를 하는데 있어서 훌륭한 길잡이가 될 것으로 생각됩니다.

'라틴 비즈니스 커뮤니케이션'이 빛을 보게 된 것을 축하하며, 이 책으로 인해 중남미와의 비즈니스 관계가 크게 확대되기를 기대합니다.

한.중남미협회 회장 신숭철

추천사

인간 중심의 라틴 비즈니스 지침서

　대학에서 교수 생활을 시작하자마자 떠난 첫 해외 출장에서 저자를 처음 만났습니다. 우리 학생이 인턴으로 일하던 에콰도르 키토 무역관에 인사차 들렀던 것인데, 당시 관장으로 근무하던 저자께서 해외취업 나가는 학생들에게 당부해야할 것들을 처음 보는 신임교수에게 하나하나 친절히 설명해주었습니다. 저는 그날의 소중한 기록을 해외로 나가는 취업자들에게 매뉴얼처럼 전달하고 있고, 중남미 비즈니스 업무를 하게 될 미래의 취업자들에게도 계속해서 공유하고 있습니다. 그 후에도 저자께서는 중남미 비즈니스 현장의 생생한 경험과 한·중남미 관계 강화를 위해 우리가 무엇을 해야 할 것인가에 대한 진지한 고민을 나누기를 즐겼습니다. 그리고 그간의 노력이 '라틴 비즈니스 커뮤니케이션'에 그대로 담겨 출판되었습니다.

　우리는 중남미를 블루오션이라고 하고, 기회의 땅이라고도 합니다. 한국과 중남미 관계의 중요성을 말할 때도 30년 이상 한국의 대중남미 교역 흑자시장을 강조합니다. 그러나 그동안의 한·중남미 관계 강화 성과에도 불구하고 코로나19가 확산되면서 2020년부터 무역수지 적자 상태가 지속되고 있습니다. 한편으로는 포스트코로나 시대 중남미 경제 회복 과정이 재생에너지, 바이오경제 등 신산업 분야에 진출할 기회이기도 합니다. 이처럼 경제협력의 기회가 무한하고 해외취업의 기회 또한 꾸준히 증가하고 있음에도 불구하고 대학에서는 중남미 시장에 대해 가르칠 교재가 없었습니다.

　이 책은 중남미 사람들과의 소통에 대하여 적절한 이론과 사례를 통해 설명하고 있어 중남미와 교류하는 기업, 기관에게는 지침서로, 대학에는 교재로 사용하기 적합합니다. 중남미학을 가르치는 저는 학생들의 중남미 비즈니스 환경에 대한 이해와 현지적응력을 향상시키기 위해 사람에 대한 존중과 파트너십을 강조합니다. 그러기 위해서는 인간에 대한 존중과 서로의 차이에 대한 이해가 필수적인데, 이 책에서는 어떻게 중남미 사람들을 이해하고 소통하며 신뢰의 파트너십을 구축할 수 있는지 알려줍니다. 또 해외 바이어와 문서 작성 시 필요한 컴퓨터 프로그램이나 그들이 주로 사용하는 소셜미디어처럼 작아 보이지만 결코 작지 않은 부분까지도 다루고 있습니다.

뿐만 아니라 중남미의 정치, 경제, 역사, 문화 등에 대한 저자의 통찰력이 고스란히 담겨있어서 비즈니스 분야뿐만 아니라 중남미 사람들을 이해하고자 하는 분들이 읽을 대중서로도 부족함이 없습니다. 단순히 현지 근무의 개인적 경험을 일반화하는 것이 아니라 이론을 먼저 설명하고 사례를 보여주기 때문에 저자의 글에 더 신뢰가 가기 때문이지요.

이 책에서는 멕시코 중심의 비즈니스 환경을 미국의 라틴계 기업으로 확대하여 중남미 시장의 가능성을 보여주고 있습니다. 시장 규모나 성장 잠재력이 크기도 하고, 우리 국민들의 대중남미 경제협력의 기대도 그만큼 큽니다. 그러나 중남미에 대한 편견이 커서 교류협력의 방해 요인으로 작용하기도 합니다. 실제로 중남미 각국의 차이를 인식하지 못하고 한 나라로 생각해서 멕시코 사람에게 삼바 춤을 잘 추냐고 물어본다거나, 남미 후진국에서나 일어나는 일이라는 말을 공적인 자리에서도 서슴없이 하면서도 무엇이 잘못 됐는지 모르는 경우가 많습니다. 중남미 연구자들조차 우리와 물리적 거리가 비교적 가까운 멕시코를 통해 중남미 전체를 이해하려는 경향이 있는 것이 사실입니다. 그렇기 때문에 타문화를 받아들이고 존중하는 태도가 꼭 필요한데, 우리는 한국식을 강조하면서 관계를 맺으려고 하거나 부정적 선입견으로 교류 자체를 포기합니다. 그렇기에 이 책은 상대를 이해하는데 꼭 필요한 지침서가 될 것이라고 생각합니다.

제목에서 나타나듯 저자의 바람대로 다시 시작하는 중남미와 동반 성장하는 우리를 기대하며, 이 책이 그 역할을 훌륭히 수행할 것이라고 기대합니다.

대구가톨릭대학교 스페인어중남미학과 교수 임수진

추천사

라틴세계 이해의 필독서

 황정한 작가의 '라틴비즈니스 커뮤니케이션'에 대한 추천사를 부탁받고 읽어나가기 시작했습니다. 작가는 고교시절부터 스페인어를 배우기 시작했으니, 거의 30년 간 라틴문화권에 관심을 가지고 살아온 꼴입니다. 이 책에서는 중남미에 대한 작가의 애정과 이해의 노력, 오랜 기간 현지인들과 몸으로 부딪히며 얻은 경험, 고민과 열정이 한 장 한 장에서 느껴집니다. 한국과 중남미 사이에 물리적 거리보다 더 먼 문화적 심리적 거리를 좁힐 수 있도록 문화 이해를 통해 소통하는 방법을 고민한 작가의 진심이 느껴졌습니다.

 저는 20년 넘게 오랫동안 다양한 배경을 가진 분들을 대상으로 스페인어 강의를 해왔습니다. 해외로 파견나가시는 외교관이나 공무원분들, 기업 주재원, 유학준비생, 대학생, 이민자 등 다양한 분들이 계셨습니다. 제가 강의를 하면서 언어를 배우는 것과 함께, 현지 문화를 이해하는 것이 소통을 더욱 원활하게 하는 것이라고 생각해왔습니다. 한국 분들이 중남미 사람들과 소통문화 차이로 많은 어려움을 겪고 있는 것도 봐왔습니다. 그러나 문화적인 배경과 이에 맞는 소통 방식에 대하여 체계적으로 정리된 콘텐츠 부족이 항상 아쉬웠습니다.

 소통에 있어서 가장 중요한 것은 상대의 말에서 숨겨진 의도를 읽어내는 것! 언어를 잘 알고 회화가 되더라도, 소통이 잘 되지 않는 경우도 많고, 현지 문화를 잘 모르면 본의 아니게 실례를 범할 수 있습니다. 상대가 중요시 생각하는 것이 무엇인지, 상대의 시간관이 어떤지, 직접적으로 표현하는지 간접적으로 표현하는지, 사람이 중요한지 일이 중요한지, 단기목표가 중요한지 장기목표가 중요한지, 가장 중요하게 생각하는 집단이 무엇인지 등등 문화적인 맥락을 알면 상대방을 더욱 잘 이해할 수 있습니다.

 황정한 작가의 '라틴비즈니스 커뮤니케이션'은 중남미와 중남미 사람들을 알려는 노력의 중요성과 시대의 변화에 알맞은 소통방법을 알려주어 큰 도움이 될 것 입니다. 저마다 다른 삶의 배경에서 라틴 세계까지 공감의 영역을 넓히려는 분들께 권해드리고 싶은 책입니다. 스페인어를 배우시는 분, 라틴 사람들을 더 잘 이해하고 싶은 분, 그리고 세상을 보는 열린 눈과 마음을 가지고자 하는 분이라면, 작가의 열정과 현장 경험이 고스란히 담긴 이야기로 문을 두드려 보시기 바랍니다.

실비아스페인어 대표 실비아 전

프롤로그

그동안 중남미를 너무 몰랐다

 2022년은 세계적으로나 우리나라에게나 큰 과제를 안겨주고 있다. 코로나19 장기화와 러시아의 우크라이나 침공으로 인한 경제 안보 위기 속에서, 우리나라에도 새로운 정부가 들어섰다. 이때, 우리가 전략적으로 관심을 가져야할 지역은 바로 중남미이다. 에너지, 자원, 식량의 공급지로 중요하며, 4차 산업 시대에 비교적 안정적인 환경에서 다양한 기술/환경 협력이 가능한 곳으로 한국에 대해 우호적인 지역이기 때문이다. 그러나 그동안 한-중남미 관계는 잠재성만큼 성과를 내지 못한 것도 사실이다. 일례로 한국과 중남미간의 교역동향을 보면, 2011년 교역량의 정점을 찍은 후 지금까지 하락세를 보이기 시작했고, 2020년에는 90년대 이후 처음으로 무역수지 적자로 돌아섰다. 아마도 중남미와는 물리적 거리보다 마음의 거리가 더 멀었던 것 같다.

 이제는 한-중남미 관계에 다시 한 번 박차를 가할 때이다. 2022년은 한국이 중남미 15 개국(멕시코, 콜롬비아, 칠레, 아르헨티나, 코스타리카, 도미니카 공화국, 에콰도르, 엘살바도르, 과테말라, 온두라스, 니카라과, 파나마, 파라과이, 자메이카, 아이티)과 수교한지 60주년이 되는 중요한 해이다. 또한, 우리 정부에서도 주요국과의 FTA 체결을 위해 노력하고 있고, 공공기관에서도 공적개발원조(ODA), 무역투자진흥 활동에 열심을 내고 있다. 우리가 동반자인 중남미 사람들을 더 이해하며 소통할 수 있다면, 더욱 좋은 성과를 함께 만들어 나갈 수 있을 것이라 믿는다.

 필자는 중남미와 관련하여 학업과 업무를 해온 지 벌써 30년이 되어간다. 스물아홉에 멕시코로 떠나서 거의 15년을 중남미에서 시간을 보냈다. 초기 몇 년이 지난

후 중남미 사람들을 잘 안다고 생각을 했는데, 도리어 시간이 갈수록 더 모르겠다는 생각이 들기 시작했다.

우리는 과거 미국 이남의 스페인과 포르투갈의 구식민지 지역을 중남미라고 부르지만, 이곳은 33개 독립국(멕시코와 중미 8개국, 남미 12개국, 카리브해 13개국)과 남아메리카 북동부 및 카리브해의 영국, 미국, 프랑스, 네덜란드령 식민지로 이루어진 다양하고 이질적인 넓은 지역이다. 최대 언어인 스페인어와 포르투갈어 외에도 불어, 영어, 수많은 원주민 언어들을 사용하고 있다. 또한, 인종구성도 남미와 중미, 안데스 국가들 사이에는 큰 차이를 보이고 있다. 역사 면에서도 아즈텍(Aztec), 마야(Maya), 잉카(Inca) 문명과 여러 토착 문명들이 흥망을 거듭했고, 스페인과 포르투갈의 식민 통치기를 겪었으며, 독립 이후의 각 국가들의 발전과 갈등 등 너무나도 다양하고 복잡한 관계들로 얽혀있다.

그럼에도 불구하고 감히 중남미와 중남미 사람들을 관통하는 이야기를 시도하는 것은, 조금이나마 이들과의 소통에 도움이 되기를 바라서이다. 개인의 경험을 절대화할 수도 일반화할 수도 없지만, 경험하지 않은 것을 살아있는 지식이라 할 수도 없을 것이다. 이런 딜레마 속에서 라틴사람들에 대하여 조심스레 이야기를 풀어나갔다.

그동안 중남미의 정치, 경제, 역사, 문화에 대한 다양한 연구가 이루어졌지만, 실제 비즈니스 현장에서 적용할 수 있는 커뮤니케이션 관련 자료를 찾기는 쉽지 않았다. 우리나라에서도 중남미에 대한 기대와 관심이 있었지만, 경제적/정치적 관점에서만 강조되어 온 것도 사실이다. 중남미에 진출한 우리기업들의 경우, 현지에서도 한국식 조직문화를 이식하려는 시도가 있어왔다. 이는 바람직하지도, 가능하지도 않으며 이미 많은 기업들이 실패를 경험했다. 심지어 중남미로 파견된 주재원들 중에는 마치 점령군처럼 현지인들 위에 군림하려는 사람도 있었다. 중남미 사람들은 높은 권력거리로 인해 상급자(한국인 관리자)에 대한 예우와 존중, 순종성이 커 보이기 때문에, 관리자들은 자신의 행동이나 업무진행 방식의 문제점을 인식하기 어렵다. 문제가 발생했을 때는 이미 손을 쓰기 어렵게 악화된 경우가 대부분이다. 그리고 자신의 방식대로만 중남미 사람들과 관계를 맺으려 했을 때, 의도대로 결과나 나오지 않으면 자신의 잘못을 인정하기 보다는, 현지인 핑계를 대는 경우도 많다. 아무리 좋은 식재료가 있다고 해도, 정확한 조리법과 조리순서를 지키지 않으면 요리를 망치게 되는데, 인간관계는 그것보다 훨씬 더 복잡하다.

인간관계의 황금률은 '무엇이든지 남에게 대접 받고자 하는 대로 너희도 남을 대접하라'이다. 지금은 '상대가 원하는 방식으로 그를 대하라'라는 인간관계의 '백금률'로 조금 더 적극적으로 개념이 확장되었다. 황금률에서는 나와 상대의 상황과 욕구가 비슷하다는 전제가 있는데, 백금률은 나의 생각과 기준이 아닌, 상대를 먼저 알고 이에 맞게 상대를 대하는 것이 중요하다는 것을 의미한다.

모든 일의 근본은 인간관계이다. 사업도 외교도 협력도 모두 사람이 하는 것이다. 그렇기 때문에 사람을 이해하려고 노력하는 것은 아무리 강조해도 지나치지 않는다.

이 책에서는 부족하나마 경험을 바탕으로 중남미 사람들을 이해하고자하는 노력을 최대한 담아내려고 노력하였다. 한-중남미 관계와 앞으로의 방향, 또한, 미국에 살고 있는 많은 라틴계 사람들에 대해서도 언급하였다. 그리고 타문화를 받아들이는 과정과 에드워드 홀(Edward Hall)의 맥락과 시간관, 홉스테드(Hofstede)의 문화차원 분석을 통해 중남미 사람들을 이해하는 방향을 소개하였다. 현지 소통의 기본적인 내용과 코로나 이후의 소통방식, 또한 제가 들었던 여러 질문 중에 몇 가지를 골라 의견을 드리는 방식으로 설명하였다.

 이 책이 중남미와의 소통에 관심을 가진 분들, 중남미 그리고 미국의 라틴계 기업인과 비즈니스를 하시는 분들에게 조금이나마 도움이 되기를 기대한다.

2022년 1월 28일 황정한

목차

추천사
프롤로그

제 1부. 한-중남미 잃어버린 10년

1. 성장하는 중남미 – 중남미에서 주춤하는 한국 · 020
2. 북미에도 라틴시장이 있다! · 024
   1) 급성장하는 북미 히스패닉 시장 · 024
   2) 세계최대의 라틴시장은 미국의 히스패닉 시장 · 027
   3) 라틴 시장이란 – 큰 시장 vs 많은 시장
      (라틴시장 = 중남미 시장 + 북미 히스패닉 시장) · 031
3. 한-중남미 관계의 현재와 미래 방향 · 032

제 2부. 비즈니스 문화를 보는 창

1. 타문화를 받아들이는 6단계 과정 · 038
   1) 베넷(Bennett) 상호문화적 감수성 모델(DMIS) · 038
      차이의 부정
      차이에 대한 방어
      차이의 최소화
      차이의 수용
      차이의 적응
      차이의 통합
   2) 적절한 상호문화적 단계 · 048
2. 문화적 맥락과 시간관 · 050
   1) 맥락과 커뮤니케이션 · 050
      고맥락(HC)문화 vs 저맥락(LC)문화

　　　　고맥락 문화에 속하는 중남미
　　　　사적 영역과 공적 영역의 경계
　　　　맥락의 골짜기 - 최초 소통은 저맥락 방식으로
　　2) 다른 시간관 · 057
　　　　단일시간관 vs 다중시간관
　　　　내일(Tomorrow)은 '내일'이 아니다.
　　　　시간엄수가 실례가 될 수도 있다?
　　　　나와의 미팅시간은 나만의 미팅시간이 아닐 수 있다.
　　3) 이문화 간 인터페이스(Interface) · 065
3. 다양한 문화적 차원 분석 · 069
　　홉스테드(G. Hofstede)의 문화 차원 이론 · 069
　　분석모델 적용에서 주의할 점과 시사점 · 071
　　1) 개인주의 대 집단주의(IND) · 073
　　　　지표의 기본개념 및 국가별 비교
　　　　개인주의와 집단주의 문화권 비교
　　　　가장 중요한 집단은 '가족'(Familia)
　　　　회사에 대한 충성을 기대하지 말라 - 가족처럼 되지 않는 한
　　　　소속집단에 대한 '충성'이 다른 사회적 규범에 우선한다.
　　　　▶ 대부제도(Compadrazo)
　　2) 권력거리 지수(PDI) · 082
　　　　지표의 기본개념 및 국가별 비교
　　　　권력거리지수 경향성 비교
　　　　불평등 고착화의 역사적 배경
　　　　불평등한 구조에 대해 높아지는 개혁의 요구
　　　　권력거리에 따른 행동양식
　　　　현지기업과 다국적 투자기업의 입장은 다르다.
　　　　인종차별 아닌 인종차별
　　　　▶ 개인주의(집단주의)와 권력거리 지표간의 관계
　　3) 불확실성 회피(UAI) · 095
　　　　지표의 기본개념 및 국가별 비교

불확실성회피지수 경향성 비교
기업운영(고용, 업무프로세스)에서의 유의점
기업인들의 성향 – 단기지향적 & 위험회피적
높은 '불확실성 회피 비용'지불의사
불확실성 회피성향은 한국에게 기회
보수적인 소비성향

4) 남성성 대 여성성(MAS) · 102
지표의 기본개념 및 국가별 비교
남성성과 여성성의 사회적 성향 비교
타겟지역의 성역할과 지위에 대한 사회적 분위기 파악 필요
중남미에서의 여성의 사회적 역할 증대
▶ 페루의 여성 교통경찰 실험

5) 장기지향성 vs 단기지향성(LTO) · 111
지표의 기본개념 및 국가별 비교
장기지향성과 단기지향성의 사회적 성향 비교
인간관계에서 갑질은 No!!
타인의 여가시간을 존중해야 한다.
빠른 결과물을 보여줘야 한다.
수평적 호혜성 중시
저축보다 소비

6) 관대함과 절제(IVR) · 118
지표의 기본개념 및 국가별 비교
관대한 사회와 절제된 사회의 비교
밝게 웃으며 활기찬 모습으로
생선보다 고기, 독주보다 맥주

4. 중남미 기업인들의 사업상 우선순위 · 125
세계 기업인들의 사업상 우선순위에 대한 연구 · 125
국가별 사업목표 우선순위 비교 (중남미-브라질 중심으로) · 127

제 3부. 라틴 커뮤니케이션 핵심 사항

1. 존중 · 134
   중남미에서의 존중과 존경 · 134
   존중을 표시하는 세가지 방법 · 135

2. 경청 · 138
   어디서나 중요한 경청의 기술 · 138
   경청의 기본 · 139
   업무지시/협의내용 확인하기 · 140
   다른 의견을 말할 수 있는 분위기 조성하기 · 141
   칭찬 연습하기 · 141
   자신의 감정알기 · 143
   의견이나 제안 – 부분적으로라도 활용하고 언급하기 · 144
   마케팅 실패사례 – 소통의 문제 · 144

3. 인종차별 금지 · 147
   제발 기본 좀 지킵시다! · 147
   중남미 인종구성 · 148
   관용도가 높은 중남미 · 150

4. 권력과 영향력있는 사람 파악하기 · 153
   1) 권력은 집중형 · 153
   2) 영향력은 분포형 · 154
      비서
      보좌관
      가족
      퇴직자

5. 가족중심 · 157
   중남미를 지탱하는 힘, 가족 · 157
   ▶ '망자의 날'을 통해서 본 중남미의 가족관과 내세관 · 160
   비즈니스 미팅시간 및 식사초대하기 · 162

가족동반 모임 초대의 의미 · 162
　　　가족기업 중심의 라틴비지니스 · 163
　　　가족기업군 – 법적으로는 독립 · 166

　6. 직접적 인간관계 중시 · 167
　　　중남미에서는 조직이 아닌 사람에게 충성한다 · 167
　　　비즈니스는 조직이 아닌 사람을 보고 한다 · 168
　　　인간관계와 방종의 우려 · 170

제 4부. 포스트 코로나시대 소통방식

　1. 그래도 대면(Cara a cara, Face to face) · 176

　2. 채팅앱 ≥ Email · 178
　　　중남미에서는 '아직' 왓츠앱(Whatsapp) · 178

　3. SNSs(소셜미디어) · 182
　　　중남미 사람들이 애정하는 SNSs. · 182
　　　북미 히스패닉계도 SNS활용 활발 · 184
　　　디지털 스킨십 · 185

　4. 화상회의 활용법 · 186
　　　다섯 가지 화상회의 꿀팁! · 187

　5. 변치 않는 비언어요소의 중요성 · 190
　　1) 목소리와 톤 · 191
　　2) 눈맞춤 · 192
　　3) 미소와 표정 · 193
　　4) 몸짓 · 194
　　5) 용모와 냄새 · 194
　　6) 상대와의 거리 · 195

제 5부. 재미있는 중남미 · 비즈니스 Q&A

1. 중남미 직원들은 '잘못했다.'는 말을 정말 안하나요? · 202
2. 왜 항상 인내하라고 하나요? · 206
3. 이웃나라들과 사이는 어떤가요? 무엇을 주의해야 할까요? · 210
4. 중남미 바이어들이 신용장(L/C), 추심(D/A, D/P)은 선호하지 않고, 송금(T/T) 방식을 선호한다고 하는데 왜 그런가요? · 212
5. 중남미는 모두 축구를 좋아하나요? · 213
6. 바이어가 독점권을 달라고 하는데, 어떻게 하는 것이 좋을까요? · 215
7. 왜 서어권(전 스페인 식민지)은 여러 나라로 나뉘어졌는데, 포어권 (전 포르투갈 식민지)은 브라질 한 국가로 유지되었나요? · 217
   1) 지리적 통치구조적 이유 · 217
   2) 엘리트 계층의 형성 및 변화과정의 차이 · 219
   3) 나폴레옹의 이베리아 반도 침공 · 222
   4) 노예 인구의 차이 · 224
8. 정말 중남미는 소량주문이 일반적인가요? · 226
9. 되는 것도 없고 안 되는 것도 없다? · 226
10. 정말 가격시장인가요? · 228
11. 영어로만 소통해도 사업이 가능할까요? · 229
12. 확정된 상담 약속도 재확인해야 하나요? · 229
13. 중남미 비즈니스 정보는 어디서 찾을 수 있나요? · 230

에필로그
감사의 글
참고자료 및 문헌

VENEZUELA
PANAMA
Bogotá
COLOMBIA
Pasto
Quito
ECUADOR
Manta
Ambato
Chimborazo
Guayaquil
Cuenca
Iquitos
Amazonas
Manaus
Piura
Moyobamba
Cruzeiro do Sul
Chiclayo
Cajamarca
Pucallpa
Acre
Trujillo
Nevado de Huascarán
Chimbote
Huaraz
PERU
Callao
Lima
Huancayo
Ayacucho

한-중남미
잃어버린 10년

1

제 1부. 한-중남미 잃어버린 10년

1. 성장하는 중남미 - 중남미에서 주춤하는 한국

중남미는 인구 6억4천 만 명, 경제규모 5.8조불(세계 GDP의 6.7%)로 우리에게는 오래전부터 잠재성이 큰 신흥경제지역으로 받아들여지고 있다. 그리고 90년대 이후 2019년까지는 우리의 전통적인 무역 흑자 지역이었다. 세계은행(WB) 자료에 따르면, 중남미 경제는 2008년 금융위기와 2019년 이후의 코로나 위기를 제외하고는, 지속적이고 안정적인 성장을 보여 온 지역이라고 할 수 있다.

중남미는 우리와 상호보완적인 경제구조를 갖고 있고, 4차 산업혁명 시대에 필수적인 자원을 보유하고 있어 안정적 자원공급처로써의 중요성이 크고, 한국의 경제발전 경험으로 인한 경제협력 의지가 높다. 코로나19, 美신정부 출범, 보호무역주의 등장으로 경제 불확실성이 높아지는 상황에

중남미 경제동향(GDP, constant 2015 US$)

출처: WorldBank

서 중남미와의 관계 재설정과 경제협력을 심화시킬 대책과 실행력이 필요한 상황이다. 또한, 중남미의 정치적 불안 요소가 종종 언급되기는 하지만, 베네수엘라를 제외하고는, 중국과 비교해서 우리나라에 크게 타격을 주는 경우는 많지 않았다. 즉, 사업을 추진함에 있어서 일반적으로 나타날 수 있는 리스크 이상으로 정치적 안보적 리스크는 상대적으로 높지 않다고 봐도 무방하다.

한-중남미 무역동향을 보면, 2011년에 교역규모(602억불)와 흑자규모(200억불)에서 최대치를 기록한 이래, 계속 하향추세를 보여주고 있다. 2011년 우리나라의 전체 무역흑자액이 333억불이었음을 감안할 때, 2/3에 육박하는 큰 흑자를 중남미에서 거둔 것이다. 이후에도 중남미는 교역규모대비 흑자비중이 높은 효자시장으로 분류되었다. 하지만, 아직까지도 이런 하락세를 반등시키지 못하고 있다.

2020년은 한 중남미 교역에 있어서 '정신이 번쩍 들게 하는' 해였다. 전통적 흑자 효자시장에서 30년 만에 적자를 기록한 것이다. 물론 코로나로 인한 중남미 시장 위축, 물류대란, 해외 생산거점 확대로 인한 한국발 수출 감소, 중국 등 경쟁국의 진출 확대 등 다양한 요인이 있을 것이다. 그러나 이미 2011년 정점을 찍은 이후, 2012년부터 이미 교역규모와 흑자폭이 감소하기 시작하였다. 그리고 10년간 이런 추세는 계속되었고, 정부와 기업 모두 나름대로 여러 노력을 하였지만 이런 추세를 돌리지 못하였다. 필자는 이를 '한-중남미 잃어버린 10년'이라고 부르고 싶다.

2021년에는 대중남미 수출과 수입 모두 회복세를 보였지만, 수입증가가 훨씬 커서 무역수지 적자폭은 확대되었고, 2년 연속 무역적자를 기록하였다. 반면 2021년 우리나라 전체적인 수출입 동향을 보면 수출은 6,445.4억달러(+25.8%), 수입은 6,150.5억달러(+31.5%)로 무역액은 1조 2,596억달러로 사상 최대, 무역수지는 294.9억달러로 13년 연속 흑자를 기록하였다고 한다. (산업통상자원부)

 중남미는 계속 성장하고 있었지만, 우리는 적절하게 대응하지 못하고 경제협력을 강화할 수 있는 계기를 찾지 못하고 있는 것이 아닌가 하는 우려도 든다. 일단 개인적으로는 현지화 부족이 주요 요인이라 생각된다. 현지

한-중남미 교역 동향

(단위: 억불)

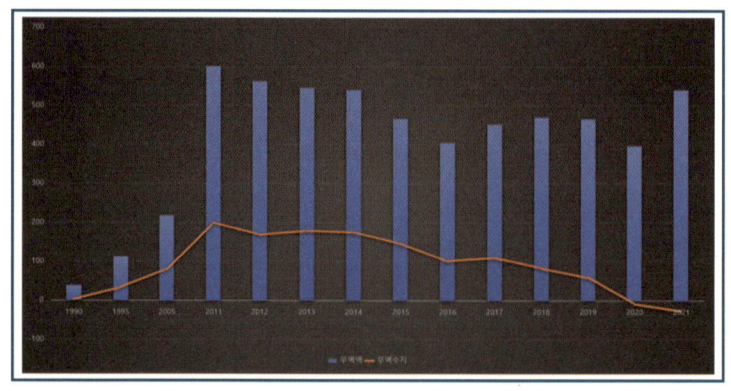

구 분	2011	2013	2015	2016	2017	2018	2019	2020	2021
수 출	402	363	307	254	281	278	263	195	258
수 입	200	184	160	152	171	193	203	203	284
무역액	602	547	467	406	452	471	466	398	542
무역수지	200	180	147	102	110	84	60	△8	△26

출처: 관세청

운영, 상품 개발 뿐 아니라 현지에 맞는 비즈니스 모델(BM)개발이 부족했다. 중남미에서도 기회는 계속 존재했다. 전통적인 중남미 시장 강자인 미국과 유럽은 새로운 산업구조 변화에 맞게 진출 전략을 변경하고 있고, 중국은 일대일로(一帶一路) 정책을 중남미까지 확대해나갔다.

 우리 정부에서도 기업에서도 중남미와의 교역 및 수출 확대를 위해 노력을 해온 것이 사실이다. 2004년 4월 우리나라가 체결한 최초 FTA인 한-칠레 FTA가 발효된 이후, 2011년 8월 한-페루 FTA, 2016년 7월 한-콜롬비아 FTA, 2021년 3월 한-중미5개국 FTA가 발효되었다. 또한 한-멕시코 FTA추진, 한-메르코수르 무역협정(TA) 협상, 태평양동맹(PA) 준회원국 가입추진, 한-칠레FTA 개선협상, 한-에콰도르 전략적 경제협력협정(SECA) 협상을 통해 한-중남미간 경제협력을 강화시키고 더 많은 기회를 창출하고자 노력해왔다. 또한, 무역투자기관에서도 나름대로 중남미 진출 기업을 지원해왔고, 개발협력 사업도 지속적으로 이루어지고 있다.

 그러나 중남미는 우리나라의 지정학적 위치로 인한 4강 외교 중심 정책과 최근의 미국-중국 간의 무역 갈등 대응 등으로, 우리의 시야에서 조금 멀어져 있었던 것도 사실이다. 그러던 가운데 코로나19 상황이 도래하였고, 이제는 잠시 숨을 고르고 어떻게 하면 다시 한-중남미간의 경제협력관계를 회복할 수 있을지 다각도로 고민하여, 적합한 방법을 찾아 시도해볼 필요가 있다.

2. 북미에도 라틴시장이 있다!

중남미를 바라보면서, 특별히 시장 관점에서 간과하지 말아야할 지역이 바로 북미이다. 북미 라틴(히스패닉)사람들의 인구 증가와 주류사회로의 진출이 활발해지고 있는 가운데, 이들은 자신들의 문화와 정체성을 잘 유지하고 발전시켜 나가고 있다. 또한, 사업 측면에서도 본국과의 강한 연계를 가지고 성장하고 있다. 예를 들어, 많은 히스패닉(라티노)계 기업인들이 북미에서 사업을 할 때, 중남미와 본지사와 같은 관계를 유지하거나, 북미-중남미가 가치사슬로 연결되어 있거나, 중남미 투자자와 함께 사업을 해나가거나, 미국투자자를 함께 모집하여 중남미 사업을 하거나, 중남미로부터 인력과 자원, 제품을 공급받는 방식 등으로 긴밀하게 연결되어 있다.

1) 급성장하는 북미 히스패닉 시장

가장 최근의 미국 인구조사는 미 연방센서스(인구조사국)의 '2020 인구

인구 증가 동향 및 전망

(단위: 명, %)

구 분	2000~2020년 증가 인구	2000~2020년 성장률	2000~2050년 평균 연간 인구 증가 전망
히스패닉	27,569,156	78	1,335,704
백 인	1,439,669	1	-258,812
흑 인	6,916,203	21	340,861
동양인	9,259,480	88	517,537
기 타	3,731,257	53	222,572

출처: Claritas (2020.9.)

센서스'로 2021년 4월에 2020년 4월 1일을 기준으로 발표되었다. 미국 전체 인구는 3억3144만9281명으로, 2010년 3억874만5538명에서 2270만 명(7.4%)이 늘어났다. 2010년 조사 시 2000년 대비 증가율은 9.7%로 증가세는 둔화되고 있는 것으로 나타났다.

인종적으로 볼 때, 여전히 백인이 다수이며, 그 뒤로 히스패닉/라티노 인종과 아프리카계, 아시아계 순으로 나타났다. 그러나 순수 백인 인구는 2020년 1억9170만 명(57.8%)으로 처음으로 60%대가 무너졌다. 백인인구는 10년 동안 약 2천만 명이 줄어들어 8.6% 감소했다. 라틴계는 6천2백만 명으로 23%의 높은 인구 증가율을 보였고, 전체 미국인구중 비중은 16.3%에서 18.7%로 높아졌다

인구변화동향을 자세히 보면 히스패닉계의 증가세가 두드러진다. 히스패닉은 2000년부터 20년간 78%의 인구증가율을 보였다. 이는 2000년부터 2020년까지 증가한 인구의 절반이 넘는 56%가 히스패닉계라는 것을 의미한다. 이러한 인구 추세는 향후 미국시장에서의 소비자 그룹의 변화를 알려주는 중요한 지표라 할 수 있다. 위와 같이 히스패닉 인구는 지난 20년간 타 인종에 비해 가장 많은 인구증가세를 보여주었다. 특히, 히스패닉 사람들은 출산율이 높고 카톨릭 전통으로 낙태율이 낮으며, 현재도 인구유입이 지속되고 있다. 그리고 불법체류 인구도 적지 않기 때문에 실제 인구는 더욱 높을 것으로 추산하고 있다. 2019년 미국의 이민정책연구소(Migration Policy Institute) 조사에서 확인된 불법체류인구는 약 1천1백만이며, 그중 히스패닉계는 78%인 8백6십만 명이다. 공식 인구조사에 포함된 인구와 불법체류자들을 모두 고려했을 때, 미국인구중 히스패닉(라

틴계) 인구는 7천만이 넘는 것으로 추산하고 있다.

 미국에서의 히스패닉 인구의 증가세는, 소비시장에서도 히스패닉의 영향력이 지속적으로 증가할 것임을 의미한다. 히스패닉의 연령 중간값은 20대 후반으로 젊은 층 인구가 많고, 소비성향도 백인에 비해 높다. 히스패닉 젊은이들은 SNS 활용도가 높고, 새로운 트렌드에 민감하며, 백인들에 비해 K-뷰티, K-팝, K-드라마 등 한류 문화, 콘텐츠에 개방적이다. 향후 우리기업들은 미국 시장 진출 시 백인중심 시장과 다른 히스패닉 시장의 문화적 특성을 고려한 차별화된 마케팅/영업 전략이 필요할 것이다.

 히스패닉 인구 분포는 로스앤젤레스, 뉴욕, 휴스턴, 마이애미, 댈러스, 시카고, 샌프란시스코와 같은 대도시에 집중되어 있으므로, 마케팅/영업에 있어서 선택과 집중에 용이하다. 이외에도 피닉스, 워싱턴 D.C., 올랜도, 필라델피아 등, 특히 남동부 도시에서 높은 성장세를 보이고 있다.

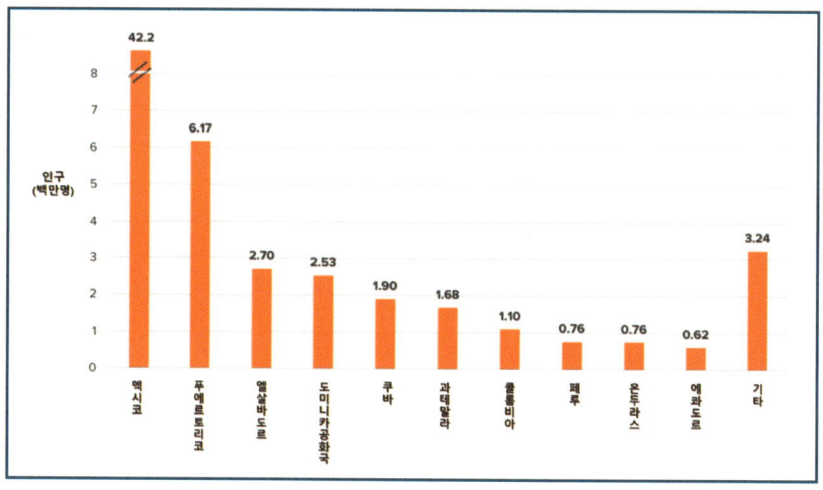

히스패닉(라티노) 출신국가별 인구

출처: Claritas (2020.9.)

히스패닉계 사람들은 동일한 언어를 사용하지만, 동질적인 집단으로 일반화하기는 어렵다. 출신국가를 보면 접경국인 멕시코 출신과 미국령 푸에르토리코(Puerto Rico)출신이 다수를 차지하고 있다. 국가별 차이에 대해서는 이후에 홉스테드(Hofstede)의 문화차원에 대한 비교에서 설명을 하겠다.

언어 사용 조사에 따르면 히스패닉 인구 중 83%는 스페인어를 사용하며, 약 30%는 스페인어로만 의사소통이 원활한 수준이라고 한다. 그러므로 히스패닉 고객을 대상으로 할 때는 홍보매체, 제품설명 등에서 영어와 서어를 동시에 표기해야 한다.

2) 세계최대의 라틴시장은 미국의 히스패닉 시장

가장 큰 라틴 시장은 바로 북미 히스패닉 시장이다. 앞에서 언급한 미국 내 히스패닉 인구증가와 함께, 라틴계의 GDP 규모는 괄목할만한 증가세와 규모를 보여주고 있다. 미국의 유력 라틴계 NGO(LDC: The Latino Donor Collaborative)의 조사에 따르면 2019년 기준으로 미국 내 라틴계 GDP규모는 2조7천억 불이다. 당시 한국의 GDP는 1조 6천억 불이었다. 또한, 중남미 제1의 경제대국인 브라질은 1조 8천억 불, 멕시코는 1조2천억 불을 기록하였다. 미국 내 라틴계 GDP수준은 세계에서 7위 규모의 시장이라고 할 수 있다.

라틴계 시장은 규모면에서도 인상적이지만 성장률을 더욱 주의 깊게 볼 필요가 있다. 지난 2년 동안 라틴계의 실질 GDP 성장률은 미국 전체 성장률(2.82%)의 두 배 수준인 평균 5.63%였다. 2018년 2조 6천억 불에서 1년 만에 1천억 불이 증가하였고, 2010년 1조 7천억 불에서 9년 만에 1조불이 증가한 것이다.

 2010년 이후, 라틴계 실질 GDP는 연평균 3.2%의 성장률을 기록했으며, 이는 미국 실질 GDP보다 50% 이상 높은 수준이다. 미국 라틴계 GDP 성장률은 세계적으로 비교했을 때에도, 세계 10대 국가 중에서 세 번째로 빠른 것이다. 구매력을 출신국가/지역별로 구분해 보면 위에서 언급된 인구

2019년 국가별 명목 GDP

순위	국가	GDP(십억불)
1	미국	21,439
2	중국	14,140
3	일본	5,154
4	독일	3,863
5	인도	2,936
6	영국	2,755
7	프랑스	2,707
7*	미국 라틴시장	2,700
8	이탈리아	1,989
9	브라질	1,847
10	캐나다	1,731
11	러시아	1,638
12	한국	1,630
15	멕시코	1,274

출처: IMF

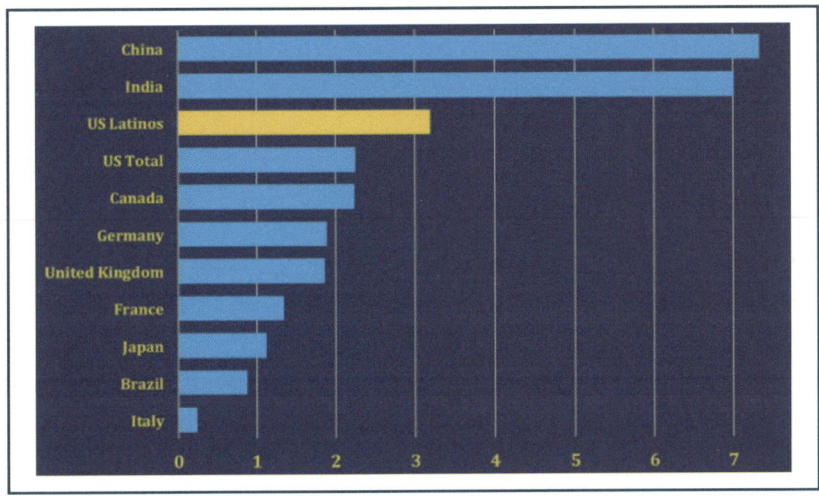

출처: LDC US

비율과 같이, 미국과 접경하고 있는 멕시코계가 약 60%정도를 차지하고, 미국령 푸에르토리코 출신은 10%, 중미 9%, 남미와 쿠바가 20%정도로 시장이 나뉘어져 있다고 한다.

 우리가 주목해야할 것은, 북미 히스패닉 사업가들의 중남미와의 연계성이다. 이들은 북미의 라틴 커뮤니티와 중남미와 강하게 연결되어 성장하고 있다. 예를 들어, 많은 히스패닉(라티노)계 기업인들이 북미에서 사업을 할 때, 중남미와 본지사와 같은 관계를 유지하거나, 북미-중남미가 가치사슬로 연결되어 있거나, 중남미 투자자와 함께 사업을 해나가거나, 미국투자자를 함께 모집하여 중남미 사업을 하거나, 중남미로부터 인력과 자원, 제품을 공급받는 방식 등으로 긴밀하게 연결되어 있다. 또한, 미국에서 교육받은 신세대 기업인들이 IT스타트업에도 적극적으로 진출하고 있다. 우리에게도 잘 알려진 호텔스닷컴(Hotels.com)의 스페인어 호텔예약사업 창업가도 히스패닉계 기업인이며, 3D 로보틱스라는 미국 유력 드론 업체의 공동창업자도 멕시코 출신 기업인이다. 이외에도, 수퍼마켓 체인, 은행, 연예기획사, 에너지, 피트니스센터 체인 등 사업 분야가 다양화되고 있다.

3) 라틴 시장이란 - 큰 시장 vs 많은 시장
   (라틴시장 = 중남미 시장 + 북미 히스패닉 시장)

필자는 이 책에서 중남미와 북미의 라틴시장을 모두 포함한 개념으로 라틴시장을 이야기 하려고 한다. 라틴시장의 규모는, 중남미시장(5조6천억 불)과 북미 히스패닉시장(2조7천억 불)을 더한 8조 3천억 불로 국가GDP 규모 미국, 중국, 다음의 3위 수준이다.

라틴시장은 큰 시장이면서도 많은 시장이다. 커 보이지만 여러 조각난 시장들이 있는 모자이크형 시장이라고 생각해도 된다. 이 의미는 언어적인 동질성, 역내 경제협정으로 인한 제도적인 유사성을 가지고 있는 큰 시장이면서, 국가별 또 국가 안에서도 지역 상권이 구분되는 여러 시장이 존재하는 많은 시장을 가진 지역이다. 한 국가 내에서도 전국에 유통망을 두고 영업하는 업체는 소수이다. 그래서 몇몇 대기업을 제외하고는 지역 내 독과점이 일반적인 시장모습이다. 이런 두 가지 상반되어 보이는 개념을 가지고 영업과 마케팅 전략을 수립할 필요가 있다. 단, 최근 IT 스타트업들을 중심으로 전통적 제조업/수입유통업의 물리적 제한을 뛰어넘는 플랫폼 서비스 확대를 보여주고 있기도 하다.

3. 한·중남미 관계의 현재와 미래 방향

2021년 12월 외교부에서는 '수교 60주년 계기 중남미 국가와의 협력 강화 방안에 대한 국민 참여사업'의 결과를 공유하고 추가 의견 수렴을 위한 대국민 설명회를 개최하였다.

이 사업에서는 국민 300여 명이 학습, 토론 등을 거쳐 세 차례 설문조사를 통해 의견을 확인하였다. 동 조사가 의미 있는 것은 중남미에 대해서 관심을 가지고 있는 국민들이 전문가 강연을 통한 학습과 주제별 토론을 통해 우리나라와 중남미와의 관계의 이해를 제고한 후에 설문이 이루어졌다는 것에 있다.

참여자들에게 현재 한·중남미 간 협력이 잘 이루어지고 있는 영역과 앞으로 중점을 둘 분야에 대한 의견을 들어보았다. 현재 협력이 잘 이루어지고 있는 분야는, 문화(42%), 경제(25.8%), 정치외교(16.3%), 관광·민간교류(12.2%) 등의 순서로 나타났으며, 앞으로 중점을 둬야할 분야는 경제(45.8%), 문화(20.7%), 관광·민간교류(19%), 정치외교(10.2%) 등의 순이라는 답을 얻었다. 현재 문화부문의 협력이 가장 잘 이루어진다고 답이 이루어진 반면, 경제, 정치외교, 관광 등은 아직은 상대적으로 개선의 여지가 많다는 의견이었다. 앞으로 중점을 둬야할 1순위는 '경제' 분야였다. 이는 중남미와의 경제관계에서의 잠재성에 비해서, 아직 성과를 창출할 여지가 많다는 의견을 방증하는 것으로 보인다.

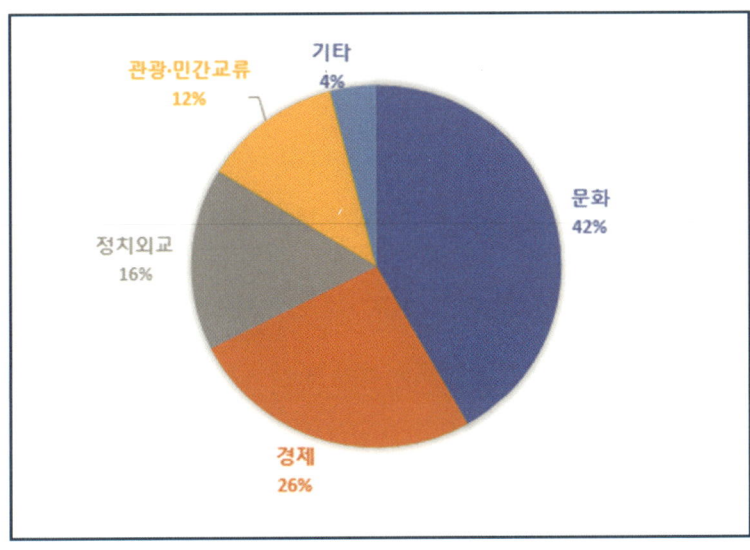

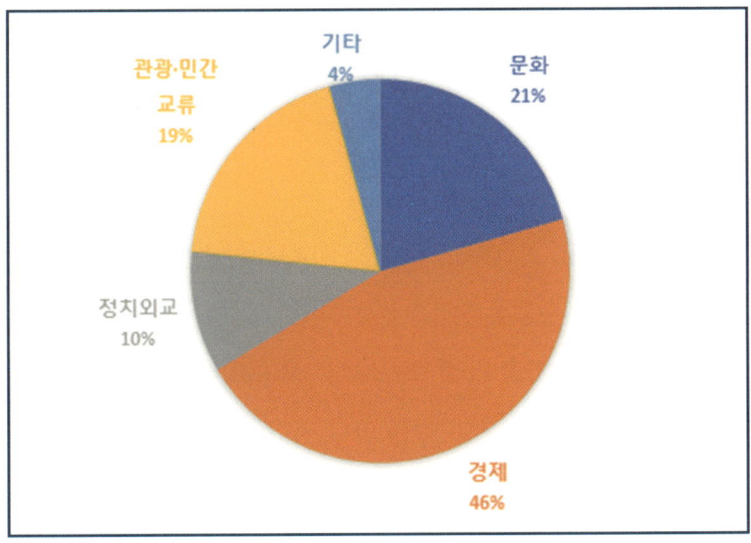

그렇다면 현재 한·중남미 간 민간교류를 방해하는 요인에 대해서도 물어보았다. 이 답은 복수로 답을 할 수 있었는데, 물리적 거리(89.8%), 현지 치안문제(83.7%), 언어 장벽(83.1%), 중남미 정부의 부정부패(79%), 중남미 국가에 대한 편견(65.4%) 등을 꼽았다.

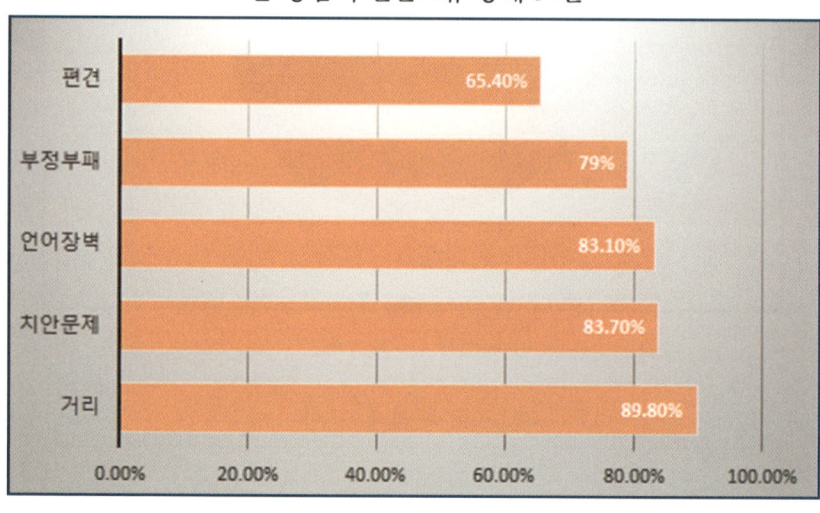

한·중남미 민간교류 방해 요인

한·중남미 간 민간교류 활성화를 위해 정부 지원이 가장 필요한 분야는 중남미 내 경제적 진출 확대를 위한 민·관·학 협력모델 구축(56.3%), 문화교류 확대(52.5%), 중남미 전문가 양성(47.1%) 등으로 나타났다. 위에서 경제 교류를 1순위 중점분야로 선정한 것과 같이, 경제 협력모델이 1위를 차지하였고, 현지 전문가 양성이 3위를 차지하였다. 여기서는 한-중남미간의 관계를 한 단계 높이기 위해 여러 의견이 제시되었다. 중남미와의 물리적 거리를 줄이기 위한 직항로 개설, 문화교류 확대를 통한 상호 인식

개선 및 한국의 이미지 제고, 중남미 전문가 양성 필요성, 중남미와의 공적개발원조(ODA) 등 이었다.

 개인적으로는 아주 유용한 사업이었고 좋은 시사점을 주는 결과라고 생각한다. 이 노력이 결실을 맺기 위해서, 몇 가지 의견을 제시하고 싶다.
 자칭 타칭 중남미 전문가라고 불리는 사람들 중에도 중남미를 피상적으로만 아는 경우가 적지 않았다. 중남미에서 거주하면서 현지인들과 함께 하는 시간을 가지지 않으면 알기 어려운 부분이 분명히 있다. 그리고 중남미 사람들은 속에 있는 이야기를 하는데 시간이 걸린다. 그럼, 현지에 오래 살았다고 잘 아느냐, 전문가라고 할 수 있느냐? 항상 그런 것 같지는 않다. 교포나 주재원 중에서도 한국에서 형성된 사고방식과 현지인들과의 갈등 경험으로 부정적인 인식이 고착된 사람들도 상당히 많다. 내가 안다는 것이 무엇인지 한번 차분히 숙고해 볼 필요가 있다.
 민간교류의 주요 방해요인 중 하나가 '편견'이다. 교류 이전에 서로가 어떻게 다르고 그 다름이 어떤 문화적 사회적 맥락에서 나오게 되었는지를 아는 것만으로도 편견을 줄이고, 불필요한 오해나 시행착오를 줄이게 될 것이라 기대해 본다.

PANAMA
Panama City
Medellín
Bogotá
COLOMBIA
Cali
Popayán
Pasto
Quito
ECUADOR
Manta
Ambato
Chimborazo
Guayaquil
Cuenca
Iquitos
Amazonas
Piura
Moyobamba
Cruzeiro do Sul
Chiclayo
Cajamarca
Trujillo
Pucallpa
Acre
Nevado de Huascarán
6768
Chimbote
Huaráz
PERU
Callao
Lima
Huancayo
Ayacucho
Ica
Cobija
Maldonado
Manaus

비즈니스 문화를 보는 창

2

제 2부. 비즈니스 문화를 보는 창

 그동안 중남미 비즈니스 문화에 대해서 이야기하는 여러 콘텐츠와 기사 등이 있어왔다. 친절하다든지, 시간약속이 좀 유연하다든지, Yes가 항상 Yes는 아니라든지, 먼저 친구가 되어야 한다든지, 대부분 경험에 바탕을 둔 사실과 다르지 않은 이야기들이지만, 문화적 배경과 시간관, 인간관을 다양한 툴을 가지고 알아보면 더 깊은 이해를 가지게 될 것이다.

1. 타문화를 받아들이는 6단계 과정

1) 베넷(Bennett) 상호문화적 감수성 모델(DMIS)

 여기서는 문화를 바라보는 상호문화적 감수성 모델을 가지고 이야기를 시작해볼까 한다. 필자가 함께 하고 있는 회사는 에듀텍(Edutech)회사로 교육프로그램 및 AI/VR을 적용한 교육 콘텐츠를 개발하고 있다. 우리 회사와 함께하고 있는 강사들은 우리나라 다문화 가정 학생들을 위한 다문화 교육프로그램에 많이 참여하고 있다. 이때 주로 반영하는 교육 모델로는 미국의 사회학자인 밀턴 J 베넷(Milton J Bennett)의 '상호문화적 감수성 발달모델'(DMIS: Developmental Model of Intercultural Sensitivity)이다.

 '자문화 중심주의'는 자신의 문화를 가장 우수한 것으로 보고 자신의 문화를 기준으로 다른 문화를 평가하는 태도를 말한다. 이러한 태도는 자기 문화에 대한 우월감과 함께 다른 문화에 대한 무시나 경멸을 수반하는 경우가 많다.

'문화 상대주의'는 문화 간에 열등하거나 우월한 것을 평가할 수 없으며, 한 문화에 대한 평가는 그 문화 자체의 기준에 따라 이루어져야 한다고 보는 태도이다. 이러한 태도는 다른 사회의 문화를 편견 없이 이해할 수 있게 한다.

사회의 문화는 자연환경이나 역사적 경험 등에 따라 오랜 기간에 걸쳐 축적되어 온 생활의 결과이기 때문에 고유한 가치와 의미를 가지고 형성되었다. 따라서 문화를 제대로 이해하기 위해서는 각 문화의 역사적·문화적 배경과 사회적 맥락을 고려하여 해당 문화를 이해하려고 노력해야 한다.

문화의 다양성을 인정한다고 해서 인류의 보편적 가치를 무시하는 문화마저 인정해야 한다는 것은 아니다. 인간의 존엄성, 자유, 평등과 같은 가치들은 인류가 지향하는 보편적 가치이기 때문에 문화가 다르다는 이유로 부정될 수 없다. 따라서 문화를 바르게 이해하기 위해서는 문화 상대주의 관점을 지니되, 인류의 보편적 가치를 중시하는 범위 내에서 문화의 다양성을 인정하는 태도가 필요하다.

(금성백과사전)

해외 비즈니스의 경우도 타문화권 파트너 또는 직원들과의 만남에서 나타나는 문화적인 차이로 인한 반응과정을 반드시 거치게 되어 있으므로, 문화차이에 적절히 반응하고, 타문화 사람들과 소통할 수 있는 역량인 상호문화적 감수성이 반드시 필요할 것이라 생각된다.

그럼 여기에서 베넷(Bennett)의 상호문화적 감수성 발달모델에서의 각 단계별 정의와 현상을 알아보자.

• 차이의 부정 (Denial of Difference)

이 단계에 속한 사람은 타문화를 경험하지 못했거나, 경험했더라도 피상적으로만 경험한 경우이다. 초기 자문화중심주의 단계로 타문화 사람들에게 관심이 없다. 문화 차이를 고려하지도 인정하지도 않는다. 이런 사람들은 도리어 자신이 속한 곳의 고유문화에 대한 질문에 제대로 답을 하지 못하는 경우가 적지 않다. 문화라는 것이 무엇인지 자신에게도 어떤 영향을 주는지 생각해보지 않았기 때문이다. 자기 문화에만 매몰되어 상대 문화와의 차이를 인지하지 못하는 무관심에 빠지는 경우이다. 그러다보니 자기 문화권과 다른 사람들의 행동이 이해되지 않으면 비하하기도 한다. 이런 단계의 사람들이 타문화에 접할 때 보이는 태도는 '무관심', '회피'이다.

'무관심'은 과거 필자가 어릴 때, 백인은 모두 미국인으로 알았고, 흑인은 모두 아프리카 사람으로 생각했던 시절과 같이 피상적으로 구분하는 것을 예로 들 수 있다. 현재, 중남미에 대해서도 너무나 다양한 나라들이 서로 다른 역사적 경험을 가지고 발전해 오고 있음에도, 하나로 범주화하려는 것도 무관심의 일종이라 할 수 있다. 동시에, 중남미에서도 한국에 대한 인식이 높아지고 있지만 일반 국민들 중에는 여전히 잘 모르는 사람들이 많다. 그래서 한국인들이 중남미에 가면 '치노(Chino)'라고 불리기도 한다. '치노'는 중국인을 의미하는 단어인데, 아시아인들을 대표적으로 부르는 보통명사가 되었다. 이는 비하의 의미보다는, 한때 한국에서 백인을 미국인이라 부르던 예전의 문화현상과 비슷하게 보면 된다.

'회피'는 "사람 사는 곳이 다 같지, 뭐 다를 것이 있겠어?"라고 하며 한 단계 깊이 들어가는 것을 피하는 것이다.

이런 사례들이 1단계인 '문화 차이의 부정'단계에서 발생하는 예시이다.

차이에 대한 방어 (Defense Against Difference)

두 번째 단계는 타문화와의 차이를 받아들이기 어려워 거부하는 단계다. '거부'는 상대의 문화를 자신의 문화와 다르다는 이유로 거부하는 것인데, 중남미에서 인사할 때 포옹하거나 볼키스(besito)하는 것을 무의식적으로 거부하는 모습 등에서 나타난다.

이전의 '부정' 단계와 달리 이 단계에서는 자신의 문화와 다른 문화의 차이를 구분하면서, 우리 문화와 다른 문화를 이분법적으로 나눈다. 그리고 두 문화 간의 우열관계를 설정한다. 한 문화는 우수하고 다른 문화는 열등한 것으로 여긴다.

여기에는 두 가지 모습이 나타나는데, 자신이 속한 문화를 우월하게 생각하며 타문화를 무시하는 경우가 있고, 반대로 타문화를 무의식적으로 동경하면서 우리 문화를 무시하는 것이다.

이는 문화가 우열을 가지고 있다는 사고방식을 가지고 있으며, 문화보다는 경제력, 정치력, 군사력 등의 차이를 문화에까지 확장해서 인식하고 행동하는 것으로 표출된다.

특히, 우리나라보다 국력이 약하다고 생각하는 국가와 그 국민에 대한 태도에서 이런 방어적 모습이 드러난다. 예를 들어 중남미를 방문하는 한국인들 중에는 한국과 다른 문화적인 모습(시간관 등)을 가지고, '이러니까 발전을 못하지'라는 식으로 이야기하는 경우가 있는데, 이것이 바로 '방어'의 전형적인 모습이다.

또한, 반대의 경우도 나타난다. 지금은 국제사회에서 우리나라의 발전정도와 경제적, 문화적, 정치적 위상이 향상되어 많이 달라졌지만, 얼마 전까지만 해도 서구 선진국에서 주재원이나 교민으로 살다 오신 분들은 우리 문화와 제도 등을 선진국과 비교하면서 비판적인 평가를 하는 경우가 적지 않았다. 또한, 해외에서도 '한국 사람들과 어울리면 좋지 않게 소문만 나서 현지인 친구들과만 지낸다.'고 하시는 분들이 계신데 이것도 '방어'의 한 모습이다.

선진국에 대해서는 한국과 비교해서 도리어 불편하고 이해 안 되는 것에도 오히려 긍정적으로 해석하려는 모습도 보인다. 이는 우리보다 경제 수준이 낮은 나라에 대해서는 그런 노력조차 보이지 않는 것과 크게 대비된다. 2011년 미국에서 발생한 시위와 2019년 중남미 칠레에서 발생한 시위를 바라보고 평가는 것에도 이러한 문화적 선입견이 반영되어 있다고 볼 수 있다.

2011년 월가를 점령하라
(Occupy Wall Street) 시위(미국)
- 불평등과 부조리에 대한 저항

출처: theweek

2019년 칠레 시위
- 경제적 불평등과 사회 개혁을 요구하는 시위

출처: lavanguardia

· **차이의 최소화** (Minimization of Difference)

이 단계에서는 자문화와 타문화의 차이를 인식하면서, 우열을 두고 평가하지 않고 차이를 틀림이 아닌 다름으로 이해하기 시작하는 단계이다. 인간의 본성이 유사하고 보편적 가치를 공유한다고 생각한다. 문화적인 차이는 본성이 다양한 모습으로 발현되는 것으로 이해한다. 그래서 문화적인 차이를 '크게' 생각하지 않고 최소화하여 받아들인다. 예를 들어, 우리가 고개를 숙이면서 인사하는 것과 악수나 포옹 같은 인사법 모두 상대에 대한 존중을 나타내는 것이라 해석하는 것이다.

이는 식문화에도 나타난다. 인체는 모두 필요한 영양소가 같지만 사는 지역에 따라 식량이 차이가 있으므로, 한 지역에서는 먹지 않는 동식물도 다른 지역에서는 영양소 공급을 위해 식품으로 사용하는 것을 말한다.

꾸이(Cuy)요리

중남미 안데스 고지대에서는 우리나라에서는 애완용으로 길러지는 기니피그(Guinea Pig), 현지어로 꾸이(Cuy)를 식용으로 먹는다. 고지대에서 가축이나 생선도 구하기 어려워, 단백질을 섭취하기 위해서는 기르기 수월하고 번식력이 좋은 '꾸이' 이상의 선택지가 없었을 것이다. 주로, 화덕에 굽거나 튀김으로 먹는다. 그리고 산모의 회복을 돕기 위해서 야채와 약초와 함께 푹 고아서 먹기도 한다. 처음 이 음식을 접하면 놀라게 되지만, 이러한 배경을 이해하면 시도해 볼 수 있는 것이다.

3단계인 최소화 단계에서는, 생소한 타문화 요소에 대해서 이전과 같이 거부 또는 방어로 대응하지 않고, 중립적으로 받아들이고, 나름대로 해석을 통해서 수용하려고 하는 것이 특징이다. 일단 3단계에만 들어가더라도 해외 비즈니스를 하는데 문화적인 어려움은 많이 줄어드는 단계라고 하겠다.

차이의 수용 (Acceptance of Difference)

4단계부터는 자문화중심주의에서 문화다원주의로 넘어가는 단계이다. 타문화와의 차이를 인정하고 수용하는 단계로 적극적인 실천 노력을 보이게 된다. 이 단계와 이전 단계와의 차이점은 인간 본성에 근거하여 피상적으로 그럴 것이라고 받아들이는 것을 넘어서, 문화적인 맥락 속에서 '이해'하는 것이다.

이해된 문화적인 차이를 '수용'하는데, 이것이 항상 동의나 선호를 뜻하는 것은 아니다. 하지만, 타문화에 대해 수동적으로 받아들이는 것이 아니라, 적극적으로 타문화를 알아가고 이해하고 수용하고자 하는 노력을 하게 된다. 이때부터는 문화상대주의적 관점으로 바라보게 되는데, 이는 나의 문화는 나의 문화적 배경과 관점에서 바라보고, 상대의 문화는 상대의 문화적 배경과 관점으로 바라보는 것이다. 즉, 마음속에서 각 문화권의 맥락을 이해한 후에 다양한 기준점을 가지게 되는 것이다.

이 단계에 있는 사람은, 다른 것과 다양한 것 자체를 좋은 것으로 받아들인다. 도리어 동일하고 통일적인 것에 의문을 가질 수 있게 된다. 그리고 문화권을 더욱 많이 알게 될수록 이해가 높아진다고 생각하여 새로운 배움에 열린 자세를 갖는다.

·차이의 적응 (Adaptation of Difference)

5단계에 도달한 사람은 다른 문화의 관점을 수용하고, 타문화 사람들의 경험을 지적으로 정서적으로 공감할 수 있게 된다. 그리고 문화 차이에 대한 두려움이 없이, 편안하고 진정성 있으며 적절한 방식으로 소통할 수 있게 된다. 여기서 중요한 것은 타문화의 관점을 받아들일 수 있다는 것이다.

적응 단계에서는 다른 문화적 배경을 가진 사람들이 다른 문화에 친숙하고 세심한 방식으로 자신의 문화적 경험과 관점에 대해 논의할 수 있다. 베넷(Bennett)은 이 과정을 '상호 적응 Mutual adaptation'이라고 명명했다. 또한, 어떤 조직 내에서는 구성원 사이에서 서로 존중하고 생산적인 문화 간 상호 작용과 팀워크를 만들어내는, 상호적응을 위한 포용적인 정책을 추진한다.

여기에서, 베넷(Bennett)은 '적응'은 '동화assimilation'가 아니라고 강조한다. 동화는 지배적인 문화권이 다른 문화적 요소를 흡수하는 과정에서, 다른 소수 문화적 정체성이 사라지는 것을 의미하기 때문이다. 적응이란 동화되는 것이 아니라, 다양한 문화적인 관점과 행동양식으로 확장되는 것이다. 자신의 원래 문화적 정체성을 유지하면서, 다른 문화적 맥락에서도 효과적으로 소통하는데 전혀 문제가 없다.

이런 단계에 있는 사람들은, 어떤 문제를 해결하는데 있어서 다양한 접근방식을 채택하는 것을 주저하지 않는다. 그리고 자신의 정체성이 유지되는 가운데서도 타문화 사람들과 이질감 없이 소통할 수 있다.

· **차이의 통합** (Integration of Difference)

문화적 차이의 통합 단계에서는 자신의 정체성과 자의식이 적절하고 진정성 있는 방식으로 타 문화들의 가치, 신념, 관점, 행동양식이 통합되어 진화되는 과정이다. 통합 단계에서는 둘 이상의 문화적 정체성을 지니게 된다. 자신을 한 문화권 사람으로 특정하여 규정하지 않는다. 통합 단계는 지배 집단 공동체에 거주하는 비지배 집단 구성원(예, 한국에 사는 다문화가정, 재일교포, 고려인 등), 다른 나라에서 장기간 거주하는 교포나 재외국민 사이에서 자주 발생한다.

이 단계의 사람들은 다문화 요소를 내재화하면서 정체성의 근거를 어느 한 문화권에 두지 않는다. 그러다보니, 정체성의 혼란을 겪기도 하고, 어느 문화권에도 속하지 못하는 이방인과 같은 존재가 되기도 한다. 예를 들어, 한국에선 미국사람이라 부르고, 미국에선 한국인이라 생각하는 그런 상태가 되기도 한다. 혹자는 이런 사람을 '코스모폴리탄'이라 부르기도 한다.

2) 적절한 상호문화적 단계

상호문화적 감수성에 대한 단계를 간단히 알아보았다. 그렇다면, 자신에게 적절한 단계는 어디일까를 생각해 보자.

필자의 경험으로 보면, 한국을 기반으로 중남미와 비즈니스를 하는 사람들의 경우 2단계에 머무르는 경우가 다수였던 것으로 보인다. 심지어, 1단계에 있는 사람도 있었다. 중남미 비즈니스를 하면서 겪는 어려움, 문화적 차이, 서구(특히 미국)의 관점에서 중남미를 바라보다가 부정적인 사고로 굳어져버린 사람들이 적지 않았다. 우리나라와 중남미 그리고 다른 선진국과 비교하면서 문화적 감수성의 성장이 멈춰버리는 것을 많이 보아왔다. 현지인을 문화적인 맥락에 대한 이해 없이 한국적 또는 서구적 시각으로 판단하기에 왜곡된 시각이 강화될 뿐이었다.

개인적인 의견은 한국을 기반으로 중남미 비즈니스를 하는 사람들은 적어도 3단계까지는 되어야 할 것으로 보인다. 중남미를 기반으로 한국과 비즈니스를 하는 사람들은 주로 교포 기업인들인데 1.5세 이상으로 넘어가면 거의 6단계(통합)에 이르는 것 같다. 단, 1세대들은 5단계 정도인 경우가 많다. 1세대들은 한국인이라는 정체성이 강하므로, 도리어 현재 한국에서 살고 있는 사람들보다 더욱 보수적이기도 하다.

외교관이나 공공기관에서 파견된 인력들은 필자의 개인적인 의견을 전제로 5단계가 가장 이상적이라고 생각된다. 적응하면서도 자신의 문화적 정체성을 지키며 국익을 우선하여 양국 간의 교류 협력을 위해 일을 해야 하기 때문이다. 지금까지 본 사람들 중에는 4단계에 있는 사람들이 다수였던 것으로 보인다. 그러나 중남미나 다른 개도국에 파견된 인원의 경우는 2단계에 머물러 있는 사람도 보였다. 아마도, 선진국과 개도국 순환근무를 하면서 경제적 사회적 환경이 비교되는 것으로 인해, 문화까지도 우열관계로 보는 시각이 생긴 것이 아닌가 한다.

 일단 자기 자신이나 조직이 어느 단계에 와 있는지를 스스로 진단해 보는 것도 의미 있을 것 같다. 그리고 타문화권을 바라보고 해석하는 다양한 시각과 방법들이 있는데, 여기에서 소개한 문화를 바라보는 틀이 도움이 되었으면 하는 바람이다.

2. 문화적 맥락과 시간관

　맥락과 시간관을 들여다보기에 앞서 에드워드 홀(Edward T. Hall)은 '우리의 행동과 생각은 성장한 문화에 의해 형성되며, 무의식중에도 문화적으로 체화된 절차를 따른다. 문화권별로 의사소통 방식이 다르다. 우리는 (우리)문화라는 렌즈를 통해 세상을 본다. 그래서 많은 오해를 불러일으킬 수 있다. 타문화 이해에는 많은 노력이 필요하나, 그만한 가치가 있다.'고 하였다. 타문화권 사람들의 언행이 이해되지 않을 경우, 우리의 시각으로 판단하기에 앞서 물어보면 좋을 것 같다. 직접 물어볼 수 없다면, 책을 통해서라도 물음을 시작하면 시각을 넓힐 수 있을 것이다.

1) 맥락과 커뮤니케이션

・고맥락(HC)문화 vs 저맥락(LC)문화

　인류학자 에드워드 홀은 다른 문화적 배경을 가진 사람들 간에 소통하는 방식의 유사성과 차이점을 구분하여 바라보는 방법을 제안했다. 그는 맥락과 소통(커뮤니케이션)의 관련성을 토대로 고맥락(HC: High Context) 문화와 저맥락(Low Context) 문화로 구분하였다. 즉, 말의 의도가 전후 맥락과 비언어적 표현에 의존하는지, 아니면 언어의 명시적인 의미에 주로 의존하는 지로 나누어, 전자를 고맥락 문화로 후자를 저맥락 문화라고 불렀다.

　에드워드 홀은 한국, 중남미, 일본, 아랍, 중국 등을 고맥락 문화로 구분하고, 이 나라들에서는 사람들이 의사소통 시 직접적 소통보다는 간접적 소통방식을 선호하며, 전달하려는 의미가 말 자체보다는 비언어적 요소(목

고맥락 문화와 저맥락 문화권 비교

고맥락 문화권	저맥락 문화권
관계는 신뢰에 의존하며 관계구축은 천천히 이루어지며 일단 구축되면 안정적임 (내inside집단과 외outside집단 구분이 확실함)	관계구축은 빨리 시작하고 빨리 끝남 (내inside집단과 외outside집단 구분이 덜 선명함)
관계성 속에서 일처리 진행	절차와 목표 속에서 일처리 진행
개인의 정체성은 소속집단(가족, 문화, 직장)에 근거함	개인의 정체성은 자기자신과 성취에 근거함
사회구조 중앙 집중화 (집단 리더 책임성 높음)	사회구조 분권화 (리더의 책임도 제한적)
비언어적 요소 중요 (목소리 톤, 표정, 몸짓, 눈빛 등)	비언어적 요소 덜 중요 (단어의 사전적 의미가 중요)
문맥(상황, 사람, 비언어적 요소)이 말자체보다 더 중요	언어가 문맥보다 중요
간접적 소통 (요점을 하나 이야기하고 꾸밈이 많음)	직접적 소통 (간단한 의사전달)
의사 소통은 관계형성의 도구	의사소통은 정보, 생각, 의견의 전달도구
갈등을 개인화 (갈등회피 성향)	갈등을 비개인화 (갈등을 피하지 않고, 해결에 집중)
공간 공유 중요	개인의 공간 중시

출처: Beyond Culture, Edward. Hall

소리/톤, 억양, 제스처 등)와 상황적 요소(시간, 장소, 지위, 사람들 간의 관계)를 통해서 전달되기도 한다고 말했다. 또한 의사소통은 관계형성을 도구로 여기며, 갈등이 관계에 영향을 미칠 것을 우려하여 피하는 성향이 있다.

 독일, 스위스, 스칸디나비아, 미국 등을 저맥락 문화로 구분하였는데 대부분의 정보는 언어 메시지에 포함되어 있다고 한다. 이런 저맥락 문화권에서는 직설적이고 명시적인 표현방식을 선호한다. 또한, 인간관계도 금방 친해지는 것 같지만, 오래 지속되지는 않는다.

 저맥락 문화에서는 생각을 말로 그대로 표현하기 때문에 맥락 또는 상황이 덜 중요한 반면, 고맥락 문화에서는 말보다는 맥락 또는 상황이 중요하기 때문에 상대의 뜻을 미루어 짐작해야 할 필요성이 더 크다고 볼 수 있다.

· **고맥락 문화에 속하는 중남미**

 한국과 라틴 문화권은 모두 고맥락 문화에 속한다. 고맥락 정도는 사실 한국이 더 높은 것으로 드러났다. 이 분석에 의하면 우리나라도 고맥락 문화권에 속하고 있어 우리와 중남미 사람들 간에는 유사성이 많은 것으로 보인다.

 앞에서 비교한 것 중에서 몇 가지만 부연설명 하고자 한다. '관계는 신뢰에 의존하며 관계구축은 천천히 이루어지며 일단 구축되면 안정적이다.' 한국 사람이 중남미 사람을 처음 만나면 이들이 친절하고 또 아미고(친구 amigo)라고 부르며 친근함을 보이니, 관계형성이 쉬울 것이라 생각한다. 그러나 실제 친구가 되는 것에는 시간과 진심이 필요하다. 어찌 보면 중남미 사람들과 진짜 신뢰하는 친구가 되기는 참 어렵다. 혹시 중남미에 파견 다녀온 주재원들 중에서, 지금도 업무상 관련이 없이도 연락하는 사람이 얼마나 있는지, 가족의 안부도 정기적으로 물으며 지내는 사람이 있는지, 회사는 떠나도 여전히 편히 그냥 안부전화 할 수 있는 사람이 있는지를 보면, 실제 친구 사귀기가 어렵다는 것을 알 수 있다. 그리고, 중남미 사람의 정체성 기반인 소속집단 영순위는 직장도 국가도 아닌 '가족'이다.

 중남미에서는 말하는 내용과 함께 그 형식과 맥락이 중요하다. 또한, 자신의 생각보다는 상대가 원하는 대답을 하려는 경향이 강하다. 비언어적인 요소인 표정, 목소리톤, 태도와 제스처, 눈맞춤 등과 함께, 형식적이고 과시적인 요소도 중요한데, 고위직의 경우 큰 사무실과 장식품, 학위증, 주변 인맥 및 가문에 대한 언급등을 들 수 있다. 중남미에서는 대학 진학률이 높지 않기 때문에, 학사는 리쎈씨아도(Lic. 인문학, 사회과학 분야), 인헤니에로(Ing. 엔지니어) 아르끼떽또(Arq. 건축)등 학사학위에 해당되는 전공에 따라서 명함에도 넣고, 호칭에도 넣는다. 한국에서는 박사님이라고는 부르지만, 학사님이라고는 부르지 않는데, 여기서는 대졸자에 대한 존중이 있는 편이다.

여러 중남미 문화를 소개하는 글을 보면, 중남미 사람이 No라고 하는 경우는 거의 없고, Yes(Sí)라고 해도 진짜 긍정 동의인지는 따로 판단을 해야 하는 경우가 많다는 이야기가 있다. 또한, 지금이야 스마트폰과 지도가 발달해서 검색해서 알아보는 것이 수월하지만, 예전에는 모르는 길을 찾아갈 때면 현지인에게 물어봐야 했다. 길을 물어볼 때 모른다고 하는 사람보다, 잘 몰라도 알려주는 경우가 있어서 낭패를 보는 경우가 있다.

이것은 나름대로 중남미인들이 상대방을 배려하는 방식이다. 상대가 거절감을 느끼지 않게 하려고, Yes라고 말한다. 사실, 현지인이나 오래 살면서 현지인과 가까운 경우는, Yes라는 말의 톤과 맥락을 통해서 '하고 싶지만 어려울 것 같은데, 지금은 Yes라고 말한다.'는 것으로 알아챌 수 있다. 그리고 길을 물어볼 때와 같이 내가 모른다고 했을 때 상대방이 (내 앞에서) 실망하는 모습을 보게 될 것을 피하고 싶어서 상상력과 개연성을 가지고 나름대로 열심히 알려주기도 한다.

· **사적 영역과 공적 영역의 경계**

비즈니스 미팅을 할 때 중남미에서는 바로 안건에 대한 토의로 들어가지 않고, 간단한 사적대화를 한다. 이는 비즈니스에서 업무 자체보다 신뢰할 수 있는 인간관계 구축이 우선이기 때문에, 상대를 알아가려는 과정이다. 그리고 실제로 중요한 결정은 회의장에서가 아니라 개인적인 친교의 자리에서 내려지는 경우가 적지 않다.

상대의 취미, 가족, 친구, 시사에 대한 의견 등을 물어보는 과정 가운데 상대를 알아가게 된다. 대답하는 말투와 진정성, 지적 능력도 그 자리에서 어느 정도 파악을 할 수 있다.

한국과 중남미와의 또 다른 차이점이 있다. 한국은 공적인 부분은 저맥락적으로 일처리가 되지만, 사적인 영역은 고맥락적인 요소가 많은 편이다. 그러나 중남미는 공적 영역과 사적 영역간의 차이가 크지 않은 것 같이 보인다.

· **맥락의 골짜기 - 최초 소통은 저맥락 방식으로**

에드워드 홀은 숨겨진 차이(Hidden Differences,1987)에서, '문화나 산업의 맥락이 높을수록 인터페이스가 더 어렵다.'고 이야기 하였다. 인터페이스의 사전상 의미는 '서로 다른 두 시스템, 장치, 소프트웨어 따위를 서로 이어 주는 부분. 또는 그런 접속 장치'를 말한다. 문화가 다른 지역과

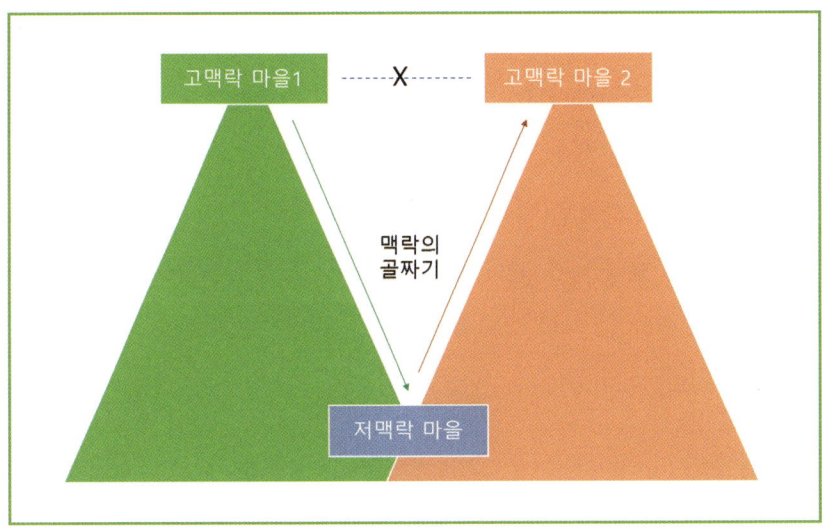

조직, 사람을 이어주기 위해서도 인터페이스가 필요하다. 홀의 인터페이스 개념은 다음에 좀 더 자세히 소개하도록 하겠다. '고맥락 마을1'에서 골짜기 너머 보이는 '고맥락 마을2'를 보면, 아래의 '저맥락 마을'보다 가까워보인다. 그래서 그런지 고맥락인 중남미 사람들을 처음 만나면, 친근해 보이고 금방 친해질 수 있을 것 같은 착각을 하게 된다. 하지만, 이들을 만나러 가는 길은 깊고 멀다. 필자는 이를 '맥락의 골짜기'라 부르고 싶다. 이 골짜기를 반드시 통과해야 한다. 어찌 보면 차라리 저맥락 마을 사람들과 무언가를 먼저 시작하여 성과를 내기가 쉬울지도 모른다.

 우리나라와 중남미 모두 상대적으로 유럽과 북미에 비해서 '고맥락' 국가들이다. 이럴 때에는 소통에 있어서는 '저맥락'적으로 시작해야 한다. '맥락의 골짜기'에는 지름길이 없기 때문이다.

 고맥락적 문화 배경을 지닌 사람들과는 몇 년간을 함께 교류하면서, 서로의 문화와 여러 사안에서의 맥락을 이해하고, 동일한 상징을 동일한 의미로 인식할 수 있을 정도가 될 때까지의 '물리적 시간'이 필요하다. 그래서 초기에는 서로 다른 문화적 배경과 사회적 맥락을 가지고 있기에, 고맥락적으로 소통하는 것 보다는, 디테일하게 소통하고 교신하는 것이 바람직하다. 가끔씩은 중요한 단어의 의미를 서로 확인하는 것도 좋다. 그리고 상대가 우리 문화와 다른 반응이 나왔을 때에도 부정적으로 판단하기 보다는 선의를 믿고 그 뒤의 의도를 이해하려 노력하면서 반응하는 것이 바람직할 것이다.

2) 다른 시간관

· **단일시간관 vs 다중시간관**

시간관의 차이는 중남미와 교류하는 분들이 가장 어려워하는 부분 중 하나이다. 시간에 상당히 유연한 중남미 사람들과 일을 하는 것을 힘들어 하는 기업인들이 많다.

지금에야 우리나라도 시간 준수 개념이 이전보다 훨씬 높아졌지만, 예전에는 '코리안타임'이란 단어까지 생겼을 정도로. 국어사전에선 '약속한 시간을 잘 지키지 않는 한국인의 시간관념이나 습관을 낮잡아 이르는 말'이라고 나온다.

> 약속 시간을 지키지 않는(fail to make it on time for appointments) 한국인의 태만한 태도를 지칭하는 불명예스러운 용어(a disgraceful term referring to their lax attitude)였다. 1950년대 주한 미군 장교들이 사전 통고도 없이(without giving prior notice) 늦는 한국인을 빗대 처음 사용했다.
>
> *(프리미엄 조선)*

에드워드 홀은 문화권의 시간관에 따라, 단일시간(monochronic)권과 다중시간(polychronic)권으로 나누어 설명을 한다. Polychronic이란 단어를 복합시간이라고 번역을 하는 경우도 있지만, 여기서는 '다중시간'이라고 통일하도록 하겠다.

홀은 단일시간권과 다중시간권에서 일정한 패턴을 발견하고 다음과 같이 정리하였다.

단일시간권과 다중시간권의 비교

단일시간권	다중시간권
한 번에 한 가지 일을 함	한 번에 여러 가지 일을 함
집중하여 일함	주의가 산만하고 방해받기 쉬움
시간 약속(마감일, 일정)을 진지하게 생각함	시간 약속을 '가능하다면' 달성해야 할 목표로 생각함
저맥락적이고 정보가 필요함	고맥락적이고 정보를 가지고 있음
일에 전념함	인간관계에 전념함
계획 준수를 철저히 함	자주 그리고 쉽게 계획을 변경
다른 사람을 방해하지 않는 것을 중시함 (프라이버시 준수)	프라이버시보다 밀접한 사람들 (가족, 친구, 가까운 사업 동료)에 더 관심이 있음
사유 재산을 존중하며, 거의 빌리거나 빌려주지 않음	자주 그리고 쉽게 빌리고 빌려줌
일의 신속함 강조	인간관계 형성에 기본적으로 신속함
단기 관계에 익숙함	평생 관계 구축 경향이 강함

출처: Hidden Differences, 에드워드홀

단일시간권으로 분류된 문화에서는 시간은 유한한 직선형이기 때문에 유한한 자원으로 효율적으로 사용해야 한다고 생각한다. 그래서 사안에 따른 일정과 약속에 있어서도 정확한 것을 중시한다. 또한 직선형 시간관을 가지기에 한 번에 한 가지 일을 하고, 인간관계보다는 시간 내에 처리할 업무가 더욱 중요하게 받아들여진다. 미팅약속이나 사전에 협의된 기한 준수를 중요시 한다. 따라서 미리 세부적으로 계획을 짜고, 그 계획을 따르는 것을 중요시 여기며, 계획이 중간에 변경되는 것을 받아들이기 힘들어 한다.

지역별 시간문화권 구분

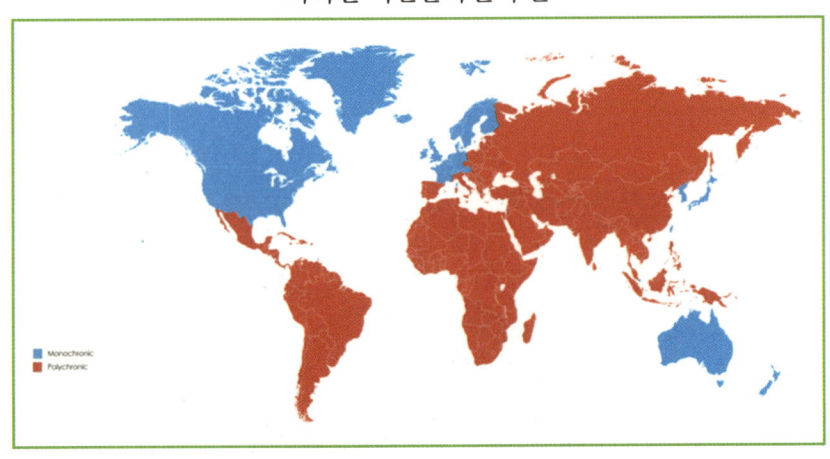

출처: HabitGrowth
추: 붉은색 다중시간 문화권, 푸른색 단일시간 문화권

지역별로 보면 유럽과 영미, 아시아권에서는 한국과 일본이 단일시간 문화권으로 분류된다. 일반적인 패턴을 보면, 저맥락 국가들이 단일시간권에 속하는데, 한국과 일본은 고맥락 문화권이면서 단일시간 문화에 속하고 있다. 이는 한국과 일본이 근대화 과정에서 서구식 산업화 과정을 거치면서 영향을 받은 것으로 보인다.

 다중시간 문화에서는 시간은 방사형으로 회전하며 순환하는 것으로 여긴다. 일처리에 있어서도 한 번에 여러 가지 일을 처리하고, 타인과의 조화로운 관계를 중요시한다. 시간 관리에서도 유연하고 융통성이 높다. 약속시간은 '가능하다면' 지켜야 하는 하나의 가이드라인이지 반드시 지켜야 하는 것으로 받아들이지 않는다. 계획 수립에 있어서도, 이후 변경 가능성을 열어놓는다. 그리고 인간관계를 맺음에 있어서도 한번 맺은 관계를 오래도록 지속하려는 성향이 강하다. 중남미, 아프리카, 남부 유럽, 아시아, 아랍 등이 다중시간 문화권에 속한다.

마야의 달력(Calendario Maya)

출처: Cultural Maya

중남미 문화에서는 시간을 풍부한 자원으로 생각한다. 그리고 시간은 순환하는 것이라고 인식한다. 멕시코 유카탄 반도에서 시작된 마야(Maya) 문명의 달력에서, 2012년 12월 21일이 지구 종말이라고 예언이 되어있다고 하여, 한바탕 소동이 벌어진 적이 있다. 2012년 12월 21일에 2만 6천 년 만에 태양과 은하가 일직선으로 배열되면서 지구에 종말이 올 것이라는 예언 때문이었다. 결론적으로 걱정했던(?) 종말은 오지 않았다. 사실, 마야인들은 그 날을 기점으로 새로운 시대가 시작되는 것을 의미했다고 한다. 종말 소동은 지구의 멸망과 같은 직선적인 시간관을 가진 사람들이 중남미 원주민의 순환적 세계관을 이해하지 못해서 생긴 해프닝 정도로 생각할 수 있다.

그럼 실제적으로 비즈니스에서는 이런 시간관의 차이가 어떤 식으로 나타나는지 알아보도록 하자.

- **내일(Mañana: Tomorrow)은 '내일'이 아니다.**

바이어나 직원이 내일까지 연락 또는 보고하겠다고 하더라도 연락이나 보고가 없는 경우가 있다. 중남미에서 '내일'은 '가까운 미래'를 나타낸다. 우리나라의 '조만간 한번 밥 먹자.'할 때의 느낌과 비슷하다고 생각해도 된다. '가까운 미래'이면서 오지 않을 수도 있는 미래이다.

비즈니스 일정과 마감의 경우는 사실 잘 안 지켜지는 경우가 대부분이다. 필자의 경우도 현지에서 업무를 진행할 때나, 지금도 마찬가지로 현지인들과 업무를 할 때, 실제 마감과 대외적 마감일을 다르게 운용 한다. 예를 들어 보고서 작성을 맡길 때, 인터뷰나 시장조사를 고려해서, 한국에서는 2달의 기한을 받았다면, 현지에서는 40일을 기한으로 해서 업무를 전달하고 관리했다. 그리고 마감을 잘게 나눠서 수시로 진행상황을 확인했었다. 그렇게 해야 한국에서 받은 마감을 맞춰갈 수 있었다. 항상 어떤 변화요인이 발생할 수 있기 때문에 이를 고려해서 시간계획을 작성하는 것이 필요하다.

- **시간엄수가 실례가 될 수도 있다?**

현지에 살면서 정시에 미팅이 시작된 적은 많지 않다. 보통 10분에서 30분 이상 늦어질 때도 있고, 1시간 이상 늦어지는 경우도 종종 발생한다. 가끔 해외투자기업이나 해외사업 경험이 많은 현지 업체, 해외 유학을 다녀온 사람들의 경우 미팅 시간을 엄수하는 경우가 있다. 그러나 사적인 영역에서는 시간엄수를 기대하지 말고, 시간엄수 할 경우 운이 좋다고 생각하는 것이 마음 편하다.

사적으로 파티나 식사 초대를 받았을 경우도, 정시에 도착하면 준비가 안 되어 있는 경우가 많다. 그러다 보면, 함께 준비하기도 한다. 사적 모임에서 시간엄수를 안 한다고 해서, 존중하지 않는 것이 아님을 기억하면 좋겠다.

- **나와의 미팅시간은 나만의 미팅시간이 아닐 수 있다.**

필자가 멕시코에서 근무할 때, 치과기구 영업을 한 적이 있었다. 하루는 멕시코 최대의 치과용품 수입유통업체 V사 오너와 약속이 잡혔다. 당시

코트라에서 대사관 상무관실(Commercial Office)로 소개를 하고 약속을 잡고 방문을 하였다. 그런 경우 보통 일반 업체들은 개별 회의실에서 미팅을 진행하는데, 이 업체는 미팅시간이 되어 비서에게 이야기하니, 비서가 오너의 사무실로 안내해 주었다. 그런데, 넓은 사무실에 오너의 책상이 있고 벽으로 책상이 없이 의자가 놓여있었다. 그 사무실에 나만 온 것이 아니었다. 마치 아이돌 가수의 팬사인회처럼 그 자리에서도 차례를 기다리며 내 차례가 되었을 때 해결할 사안을 이야기하기 시작했다. 이야기하는 도중에도 직원들이 결재 받으러 들어오고, 다른 거래처 사람들이 인사하러 들어오고, 그 오너는 친절하게 그런 인사를 다 받아주고 있었다. 물론, 그러면서도 당시 해결할 사안은 논의하고 결정을 하고 목적을 달성할 수 있었다. 당시에는 작지도 않은 기업이, 외국인이 왔는데도 푸대접하나 생각을 했는데, 지나보니 그런 것이 아니었다.

 이런 일은 에콰도르에서도 있었다. 에콰도르의 3-4위 정도하는 유통업체 C사가 있다. 식료품, 가전제품, 공구류, 페인트 등 다양한 소비재와 건축자재 등을 수입 유통하는 업체이다. 이 회사도 2세 경영체제로 넘어가면서 2세의 형제들이 경영하고 있는데, 이중 차남이 실권을 쥐고 있었다. 한국에서 출장 오신 대표님을 모시고 방문을 했다. 물론 미리 비서를 통해서 시간도 확정을 한 상황이었다. 시간에 맞게 도착했는데도 거의 한 시간 이상 기다렸다. 당시 무역관장인 나도 좀 당황했고, 함께 갔던 대표님도 약간 언짢으신 것 같았다. 이후 미팅을 하면서도 다른 직원들이 결재 받으러 들어오고, 다른 거래처분들이 중간 중간 들어와 인사하고, 전화 오면 전화도 받았다. 출장 오신 한국 업체대표는 목적은 달성했지만, 그런 태도에 약간 기분이 상한 것 같았다.

 미팅이 끝나고 나서, 멀리 한국에서 오신 손님을 그냥 보낼 수 없다고 하며, 자신들이 운영하는 쇼핑센터의 고급식당에 초대를 했고, 그곳에서 이야기 하면서 오해는 풀었던 기억이 있다. 이후에도 거래는 잘 이루어졌고, 계속 한국 제품을 수입하고 있다.

 중남미의 다중시간관을 가진 사람들은 한 번에 여러 가지 일을 처리하는 경향이 있다고 했는데, 에드워드 홀의 '침묵의 언어(1959)'에도 비슷한 사례가 소개되었다. 50년이 지난 지금도 그런 유사한 일들이 이어지고 있다. 우리 입장에서 당황스런 일들이 가끔이 아니라 적지 않게 일어나고, 중소기업뿐 아니라 대기업에서도 오너가 현지인이라면 이런 일들은 심심치 않게 일어난다. 그런 경우 너무 당황하거나 기분 상할 필요는 없다. 그들 입장에서는 한 번에 여러 일을 처리하는 것이고, 전화나 다른 사람들이 올 경우 다른 사람도 배려할 필요가 있다고 생각하기 때문이다. 만났다는 것만으로도 의미가 있고, 짧은 시간이라도 웃으며 준비한 미팅 내용의 핵심을 잘 전달하면 좋을 것 같다. 미팅이 중간에 끊길 수 있으니, 엘리베이터 피칭처럼 중요 주제를 30초 내로 준비하는 것이 효과적이다. 그리고 나에게만 집중하지 않는다 해서, 홀대하거나 무시하지 않는 것이 아니라, 일하는 방식이라고 받아들이면 된다. 이후에, 사적으로 식사를 하거나, 더 깊은 이야기를 하면서 가까워 질 수 있는 기회는 얼마든지 만들 수 있다.

3) 이문화 간 인터페이스(Interface)

앞의 '맥락의 골짜기'에서 언급했듯이 '에드워드 홀'은 숨겨진 차이(Hidden Differences,1987)에서 서로 다른 문화권을 잇는 '인터페이스'개념을 설명한다. 사전적 의미로 '서로 다른 두 시스템, 장치, 소프트웨어 따위를 서로 이어 주는 부분. 또는 그런 접속 장치'인데, 미국과 유럽의 가전제품 콘센트가 다르기 때문에, 이를 연결하려면 여기에 맞는 어댑터를 적용해야 하는 것과 같다. 홀은 문화권이 다른 곳에서 일을 할 때는 이런 어댑터 역할이 필요하다고 봤다. 이것은 어떤 시스템으로 되는 것도 아니고, 두 문화권 중간의 '사람'이 두 문화와 소통방식을 잘 이해하면서 조율해 나가는 방법밖에는 없다.

홀은 여러 사례들을 보면서 두 가지로 일반화하여 소개하고 있다. 첫째, 국내보다 외국에서 성공하는 것이 더 어렵다. 둘째, 성공적인 인터페이싱을 위해서는 해외법인의 최고 경영진이 중요하다. 그러므로 가능한 최고의 사람들(문화이해와 소통)을 보내서 그들의 조언을 받아들이고, 그들에게 자율권을 충분히 주어야 한다고 이야기한다.

필자가 근무했던 코트라에서도, 고맥락에 다중시간 문화권의 무역관에서 근무하는 직원들이 현지 정부 인사나 바이어와 한국과의 조정 역할에서의 어려움을 토로하는 경우를 많이 봐왔다. 대부분 고맥락에 다중시간 문화권에 근무했던 필자도 이 부분이 가장 어려웠던 것 같다. 초기에는 현지인들의 이야기를 듣고 저맥락적으로 받아들여 한국과 교신하면서 중간에서 난처했던 적이 적지 않았다. 반면, 저맥락 국가에서 일하는 분들은 상대적으로 양국간 조정업무가 좀 더 수월했을 것으로 보인다.

홀은 문화 교류의 5가지 기본 원칙과 예를 제시하고, 산업 성격에 따른 저맥락-고맥락 문화권에서의 인터페이스 난이도를 구분하여 설명하였다.

1. 문화나 산업의 맥락이 높을수록 인터페이스가 더 어렵다.
2. 요소가 복잡할수록 인터페이스가 더 어렵다.
3. 문화적 거리가 멀수록 인터페이스가 더 어렵다.
4. 체계의 단계가 많을수록 인터페이스가 더 어렵다.
5. 매우 단순하고 저맥락의 고도로 진화된 기계적 체계는 잘 작동하기 위해 인간의 재능에 의존하는 복잡한 다단계 체계보다 인터페이스 문제가 더 적다.

'인터페이스가 쉬운 사업'(Esay-to-interface)이란 저맥락 문화권 내에서 단순하고 기계적인 산업의 협력을 들 수 있다. 예를 들어, 저맥락의 독일과 저맥락의 스위스의 두 부서에서 현미경용 소형 부품을 제조하는 것이 있다. 문화거리도 가까운 저맥락 국가이면서, 사업내용도 복잡하지 않다. 이때는 인터페이스의 문제가 크지 않다. 이 경우 문화거리는 두 문화가 저맥락이면서 단일시간권이며 비즈니스 운영 자체가 다른 수준의 복잡성을 포함하지 않기 때문에 크지 않다.

'인터페이스가 어려운 사업'(Difficult-to-interface)은 독일과 미국처럼 크게 다르지 않은(저맥락) 두 나라의 언론출판업을 들 수 있다. 글쓰기, 광고, 편집 정책을 포함하여 말 그대로 수십 가지의 지점에서 깔끔하게 연결되어야 하는 '고맥락' 사업이기 때문이다. 언론출판업의 성공은 독자의 문화를 이해하고 독자에게 다가가는 방법을 아는 작가와 편집자에 달려 있다. '인터페이스가 매우 어려운 사업'(extremely-difficult-ta-interface)은 언론출판방송과 같은 '고맥락' 사업을 '저맥락' 문화권과 '고맥락' 문화권, 또는 둘 다 '고맥락' 문화권에 두고 사업을 진행하는 것이다. 이 경우 성공을 위해서는 최고 수준의 정교함과 유연성이 필요하다.

문화권과 산업에 따른 인터페이스 난이도 구분

인터페이스 난이도	산업의 성격	문화권
쉬운 Esay-to-interface	저맥락	저맥락-저맥락
어려운 Difficult-to-interface	고맥락	저맥락-저맥락
	저맥락*	저맥락-고맥락*
매우 어려운 extremely-difficult-ta-interface	고맥락	저맥락-고맥락
	저맥락*	고맥락-고맥락*
더 매우 어려운 more extremely-difficult-to-interface*	고맥락*	고맥락-고맥락*

위의 표는 문화권과 산업에 따른 홀의 인터페이스 난이도를 표로 만든 것이며, 별표(*)는 필자의 판단으로 추가한 것이다. 일단, 시간권의 구분도 단일시간권과 다중시간권으로 나눌 수 있지만, 분석의 편의성과 시간관과 맥락이 어느 정도 상관관계를 지니기 때문에 시간관은 포함시키지 않았

다. (단일시간관과 저맥락, 다중시간관과 고맥락의 상관관계 큼. 단, 한국과 일본 예외)

 중남미 사업이 어려운 이유는, 한국과 중남미 모두 고맥락 문화권이고, 한국이 고맥락 문화이면서도 단일시간관을 가지고 있는 특수성을 지니기 때문이다. 그래서 저맥락 산업이든 고맥락 산업이든 원활한 인터페이스가 어렵기 때문에 중남미와의 협력관계가 생각보다 쉽지 않은 것이다. 그동안은 맞지 않는 콘센트에 억지로 끼워 맞춰서 성과를 내왔던 것 같다. 그러나 이제는 그런 방식에 한계가 왔다고 본다. 이제는 우리의 방식을 현지에 이식하려고 하기보다는, 현지와 맞는 어댑터를 적용하는 것이 다시금 잠재성 있는 한-중남미 관계를 한 단계 업그레이드 할 수 있는 방법이라 생각된다. 그리고 이를 위해서는 홀도 언급을 했지만, 한국과 현지조직을 연결할 '사람'이 중요하다. 이 사람은 '문화적 다양성에 대한 시각을 가지고, 현지인들과 어느 정도 물리적 시간'을 지냈던 사람이다. 아무리 물리적 시간을 오래 가졌어도, 시각이 자문화에 갇혀있다면 아무소용 없다. 또한, 열린 시각을 가졌다고 해도, 사람과의 문제이기에 현지에서 현지인과 함께한 시간의 경험축적이 반드시 필요하다.

3. 다양한 문화적 차원 분석

홉스테드(Hofstede)의 문화 차원 이론(Cultural Dimensions Theory)

비즈니스 환경에서 다국적 기업의 해외진출의 성패를 좌우하는 것은 '문화'이해를 바탕으로 현지화를 이루는 것이다. 비교 문화 소통과 관련된 가장 권위 있는 연구는 네델란드 사회심리학자인 홉스테드(G. Hofstede)의 문화 차원 이론이다. 그는 1967년부터 1973년까지 다국적 기업인 IBM의 인사부(HR)에 연구팀을 조직하여 전 세계 해외법인에서 국가별 가치관 차이에 대한 대규모 연구를 수행했다. IBM 직원 약 11만 명을 대상으로 문제해결방식, 협업방식, 상급자에 대한 태도에 관한 설문조사와 인터뷰를 병행하면서 비교연구를 수행하였다. 초기에는 표본 규모가 큰 40개 국가 연구에 초점을 맞추었고, 이후 50개 국가와 3개 지역으로 확장했다. 1980년에 연구결과를 종합한 문화의 결과(Culture's Consequences)라는 책을 출간한다. 1차 조사에서는 권력 거리(PDI), 개인주의(IDV), 불확실성 회피(UAI), 남성성(MAS)의 네 가지 차원을 발견하고 국가 간 비교 분석하였다.

장기지향성(LTO)은 1988년 마이클 본드(Michael Bond)의 중국 가치 조사(Chinese Value Survey)에서 시작되었다. 중국의 문화를 다른 국가들과 비교 연구하던 중, 동아시아지역에서 보이는 특징을 발견했다. 미래 보상을 지향하는 미덕, 특히 끈기, 검소함, 위계질서, 염치이다. 이것이 유교 문화의 영향이라고 생각하여, 초기에는 유교적 근로 역동성(Confucian Work Dynamics)이라 불렀다. 이후에는 이를 장기지향성(LTO)으로 이름을 바꾸었으나, 2010년까지도 혼용하여 사용된 것으로 보인다. 2010년에는 세계가치관조사(World Value Survey)에서 행복감을 결정하는 요인을 분석하면서 마지막 지표인 관대함과 절제(IVR)가 추가되었다.

분석모델 적용에서 주의할 점과 시사점

홉스테드의 문화 차원 이론은 한 국가의 문화를 타문화와 비교분석할 때 매우 유용한 것은 사실이다. 그러나 몇 가지 주의할 점이 있다.

첫째, 한 국가의 평균으로 해당 국가의 개인을 평가하지 말아야 한다. 이 조사가 일반적인 성향에는 개연성이 있지만, 편차가 있으므로 이를 감안할 필요가 있다. 또한, 국가를 모집단으로 하여 랜덤으로 표본을 추출한 것이 아니다. 초기 설문에 참여한 사람들은 IBM이라는 다국적기업의 직원이었다. 어느 정도 학력과 경제력이 있는 중산층 이상의 계층이 설문에 참여하였기 때문에 국가의 상황을 온전히 반영한다고 하기는 어려움이 있다. 그러나 국제 비즈니스 커뮤니케이션 관점에서는 적합성이 높을 수 있다.

둘째, 데이터의 정확성에 대한 질문이 있다. 거의 동일한 설문지 방법이지만, 문화권에 따른 응답 패턴이 다를 수 있다. 집단지향 문화에서는 자신이 속한 집단에 대한 의견을 답하는 경향이 크다면, 개인주의적인 문화권에서는 개인적인 의견이 잘 드러날 수 있다.

셋째, 1960-70년대와 2020년의 상황은 차이가 많고, 국가 간 교류확대로 인해 문화적인 차이점이 줄어들었을 것이라는 의견이 있다. 실제로 비교문화연구에서는 국가별 시계열 변화를 조사한 결과, 시간에 따라 지표의 변화가 있는 것이 확인되었다.

이런 주의할 점에도 불구하고 홉스테드의 연구와 척도만큼 대규모로 체계적이고 계량화된 연구는 거의 없었고, 초기 다국적기업 직원들에 대한 조사와 후속연구 표본을 통해 시계열 조사 데이터도 축적되고 있음을 고려했을 때, 해외 비즈니스 문화에 대한 통찰을 갖는데 큰 도움이 될 것으로 생각된다. 각 척도별 점수는 홉스테드 연구 사이트 (www.hofstede-insights.com)에서 무료 '국가 비교' 서비스를 통해 볼 수 있다. 1-100 또는 120까지로 점수를 매기고 있다. 점수가 높을수록 각 척도의 성향이 강한 것으로 보면 된다.

 그럼 각 분석 지표에 대하여 중남미를 중심으로 알아보도록 하겠다. 비교를 위해, 중남미 국가 외에 미국, 스페인, 포르투갈, 한국의 수치를 포함하였다.

1) 개인주의 대 집단주의 (Individualism; IDV vs. Collectivism)

· 지표의 기본개념 및 국가별 비교

여기서 개인주의란 '개인들이 단체에 통합되는 정도'를 의미하며, 개인과 집단의 관계가 느슨한지 친밀한지를 보여주는 척도로 IDV로 표시한다. 점수가 높을수록 개인주의 성향이 강하며, 점수가 낮을수록 집단주의 성향이 강하다고 볼 수 있다.

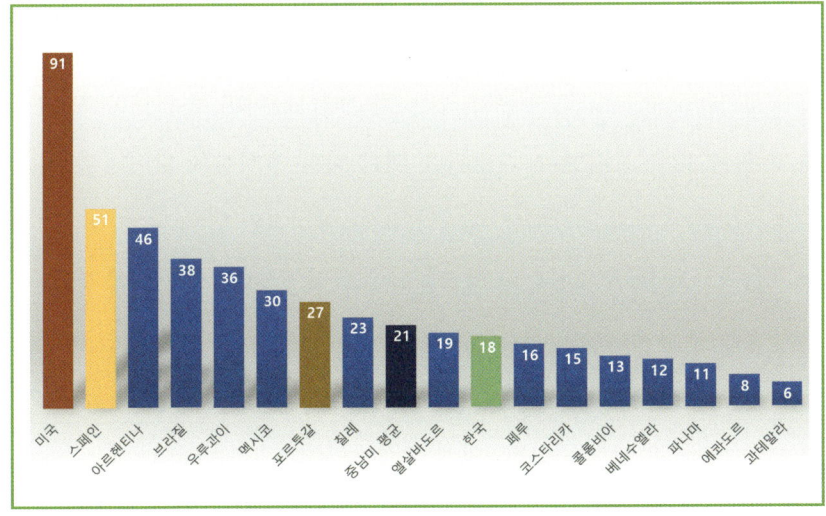

출처: https://www.hofstede-insights.com

미국과 유럽 국가들에서 개인주의 성향이 높게 나타나며, 남유럽 스페인과 포르투갈은 유럽 내에서도 개인주의 성향이 낮은 편이며, 중남미 전체적으로는 집단주의 성향이 강하게 나타난다. 물론 중남미 내에서도 IDV 지수가 최고인 아르헨티나(46점)와 최저인 과테말라(6점) 사이에도 큰 격차가 있다. 한국은 중남미 평균보다 낮은 개인주의 지수 점수를 가지고 있다.

 개인주의 문화에서는 집단의 이익보다 개인의 이익이 우선시 되고, 개인의 개성과 고유성, 독립성을 중시한다. 또한 인간관계보다는 대외적인 업무에 우선순위를 두어, 능력주의, 자아실현, 개인 행복 추구를 최고의 미덕으로 생각한다. 개인주의 문화는 저맥락 문화와 비례하는 경향이 있다. 집단에서 사용하는 맥락과 배경 보다는 개인을 중시하기에, 명확한 소통을 위한 저맥락 문화가 발달하게 되었다.

 집단주의 점수가 높은 문화권에서는 자신이 속해있는 내집단(in-group)과 외집단(out-group)의 구분이 확실하고, 배타적이며, 개인보다 집단(소속 그룹)을 더욱 중시한다. 내집단에 대한 강한 충성심을 보이면서, 자신의 정체성을 집단과 연계하여 찾는다. 또한 공식적인 일 보다는 인간관계가 우선이고 집단 구성원간의 화합을 강조한다. 한국과 중남미가 다른 점은 무엇을 내집단으로 인식하느냐의 문제이다. 한국은 학연, 지연처럼 출신학교와 지역, 그리고 현재 소속된 조직을 1차적 내집단으로 여기지만, 중남미는 가족이 가장 중요한 1차적 내집단이라고 할 수 있다.

· 개인주의와 집단주의 문화권 비교

개인주의가 강한 사회	집단주의가 강한 사회
학위는 경제적 가치와 자존감을 높임	학위는 더 높은 지위 그룹에 진입하도록 함
직업 이동성 더 높음	직업 이동성이 낮음
직원은 고용주의 이익이 자신의 이익과 일치할 경우 이를 추구하는 '경제적 인간'임	직원은 집단 내부 이익을 추구하는 '집단 내부 구성원'임
고용 및 승진은 능력과 규칙에만 기초해야 함	고용 및 승진은 내집단을 고려함
고용주와 고용인 관계는 노동 시장에서 당사자 간의 계약임	고용주와 직원의 관계는 기본적으로 가족 관계같은 도덕관계임
경영은 개인에 대한 관리임	경영은 집단에 대한 관리임
경영 교육은 감정의 정직한 공유를 가르침	부하에 대한 직접적인 칭찬은 화합을 망침
모든 고객은 동일한 대우를 받아야 함 (보편주의)	집단 내부 고객은 더 나은 대우를 받음 (특정주의)
임무가 관계보다 우선함	관계가 임무보다 우선함
인터넷과 이메일은 개인을 연결하는 데 매력적이며 자주 사용됨	인터넷과 이메일은 덜 매력적이며 덜 자주 사용됨
소비 패턴 : 자립 생활 방식	소비 패턴: 타인 의존성
미디어가 정보의 주요 소스임	소셜 네트워크는 정보의 주요 소스임

출처: Culture and Organizations (Hofstede)

· 가장 중요한 집단은 '가족'(Familia)

우리나라는 국가, 고향, 출신학교, 소속한 조직(그 안의 내부 그룹)을 중요한 소속 집단으로 생각한다. 하지만, 중남미는 스페인과 포르투갈의 중남미 식민지화, 혼혈, 아프리카 노예 유입, 다민족, 다문화, 원주민 억압, 독립과 지역분할 등의 역사적인 이유로 국가의 일체성 측면에서의 관념이 강하지 않다.

중남미에서는 가족이 가장 중요한 1차적 내집단이다. 현재는 핵가족화 경향이 있지만, 여전히 가족 간의 유대와 기능이 크다. 위의 비교에서도

중남미의 전형적인 가족모임

여러 세대가 함께 식사하고 이야기하는 것이 일반적이다.

'특정주의'가 용인되는 사회이며 가족에 대한 특별 대우는 당연하게 받아들여진다. 중요한 결정은 가족회의를 통해서 결정된다. 자녀들의 직업도 가업을 이어받는 경우가 일반적이다. 중요한 사회집단으로서의 가족이기에, 가족의 범위는 넓게 확대된다. 6촌 8촌까지 확장되는 대가족, 친척보다 가까운 친구도 가족처럼 여기며 천주교 전통에서 내려온 대부(代父)와 대모(代母)도 가족의 범위에 포함된다.

중남미에서는 가족의 단합과 결속이 중요한데, 주말에는 가족들과 보내는 것을 당연시 한다. 또한 가족의 전통과 가치를 중시하고, 부모와 가장의 권위가 상당히 강하다.

중남미의 가족은 일하는 조직으로도 확대된다. 자영업에서부터 대기업에 이르기까지, 가족기업이 중요한 위치를 차지하고 있다. 이에 대해서는 뒤에서 자세히 설명하기로 하자. 가족은 어려움을 함께 겪고 실질적으로 도움을 준다. 공직에 있을 때 가족을 도와주는 것에 대해 관대한 편이다. 과도한 특혜가 문제가 되기는 하지만, 공금을 횡령하거나 과한 마진을 붙인 것이 아닌 이상 큰 문제가 되지 않는 경우가 적지 않다. (최근에는 선진국의 윤리규정을 도입하는 국가가 늘어남에 따라 조금씩 변화가 생기고 있다.) 기업 오너나 CEO가 (해외 투자기업이나 투자를 받은 기업이 아닌 이상) 자신의 친척을 임의로 채용하는 것이 문제가 되지 않는다. 그리고 누군가 있어야할 자리라면, 가족에게 일자리를 주는 것이 하나의 의무감처럼 받아들여진다. 만약에 자리가 없으면, 만들어서라도 취업을 시킨다.

- **회사에 대한 충성을 기대하지 말라 - 가족처럼 되지 않는 한**

중남미에서는 가족이 회사일보다 우선된다. 업무상 필요해도, 가정생활에 지장을 주는 것은 꺼리는 편이다. 이는 출장이든 해외 파견이든 같다.

그리고 가족에게 일이 생긴 경우, 회사에 지각하거나 결근하는 경우가 생겨도, 사회적으로 용인된다.

이전에 필자의 주재국에 한국 고위인사가 방문하여 주재국 차관과 조찬 모임을 가졌다. 그때 가장 먼저 도착한 사람은 한국 사람들이었고, 이후 주재국 차관이 도착하였다. 이후 20분쯤 지나 보좌관이 들어 왔다. 급하게 자리에 앉으며 아이들 등교 때문에 조찬모임에 늦었다고 하니, 당연히 늦을 수 있다고 생각하고 별로 문제시 하지 않고 자연스럽게 조찬 모임이 진행되었던 적이 있다.

직장도 가족 부양을 위한 것이기 때문에, 보통 각자 기준에서 가족 부양할 정도만 벌면 더 이상 크게 욕심을 부리지 않는다. 즉, 돈을 더 벌기 위해 가족과의 시간을 희생하면서 특근이나 야근을 하려고 하지 않는다.

이렇기 때문에, 한국식으로 회식이나 단합대회를 통해 애사심을 불러일으키려고 하는 노력은 사실 크게 의미는 없다. 차라리, 동료와 친구 같은 관계가 되거나, 부하직원의 대부(Padrino)가 되는 식으로 가까워지는 것이 아닌 한, 한국식으로 회사에 대한 충성심을 기대하지 않는 것이 좋다.

- **소속집단에 대한 '충성'이 다른 사회적 규범에 우선한다.**

 집단주의적 문화의 국가, 특히 중남미에서는 위에서 언급한 바와 같이, 가족, 그리고 확대 가족, 또는 확대된 가족과 같은 멤버 그룹이 중요하고, 이런 관계는 '장기간 친밀한 헌신'으로 형성되고 강화된다. 그러다 보니, 집단주의 문화에서 소속 집단에 대한 충성/의리가 가장 중요하며 대부분의 다른 사회적 규칙보다 우선한다. 극단적인 예를 들면, 가족을 부양하기 위해 그리고 가족과 같은 조직원을 부양하기 위해 마약조직 보스는 사회적인 규범은 무시하더라도, 가족과 조직구성원에 대한 책임을 다한다고 명분을 내세운다. 가족을 힘들게 한 사람에 대한 사적 보복도 합리화한다.

 그럼 외국인 입장에서 '장기간 친밀한 헌신'의 관계는 어떻게 구축해 나가야 하는가? 우선 장기간의 기준은 사람마다 관계의 밀도에 따라 다르겠지만, 개인적으로는 최소 2년 이상으로 생각된다. 그동안 친밀한 헌신이 중요한데, 이는 시간과 비례한다. 함께 보내는 시간, 정기적으로 만나고, 상대의 필요에 대해 도움을 주고, 도움을 받는 관계를 지속해야 한다. 도움을 주기만 하는 것보다 상대로부터 도움을 받는 것이 관계를 더 견고하게 한다. 상대가 할 수 있는 것은 편하게 도움을 청하자. 항상 진실하게 대해야 하는데, 가식은 언어가 통하지 않는 사람도 알아차리기 마련이다.

▶ 대부제도(Compadrazgo)

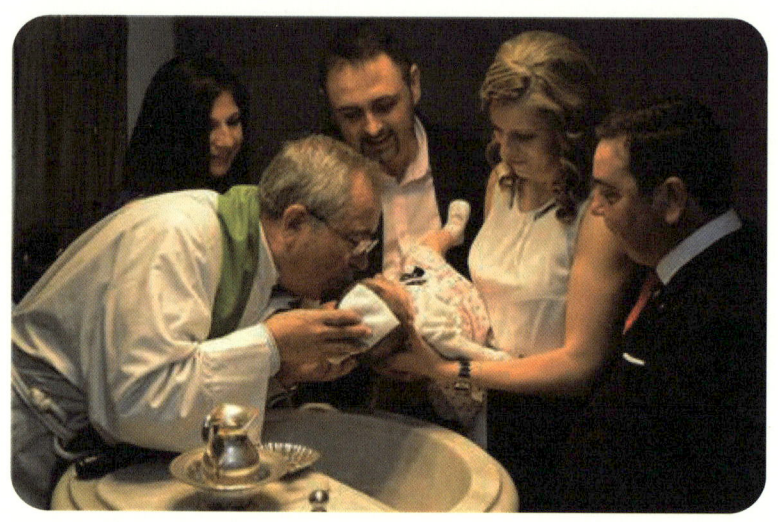

　중남미의 대부제도는 카톨릭에서 기원했지만, 현지 원주민 문화와 결합하여 더욱 강한 유대감을 형성하게 한다. 원래 대부제도란 자신에게 불행한 일이 닥쳐서 자신이 자녀를 돌볼 능력을 상실하게 될 때, 대신 돌보아 줄 수 있는 타인을 선택하는 제도를 말한다.

　대부(padrino)·대모(madrina)는 대부분 가까운 친구나 친지 중에서 선택되며, 대개 결혼한 사람으로서 부부가 생존하고 있고 사회적, 경제적으로 약간의 안정이라도 이룬 사람이 대상이 된다. 대부제도(compadrazco)는 중남미 사회에 깊이 뿌리 내린 전통으로 대부 혹은 대모는 영세에서부터 아이의 성장과 사회화 과정에 강한 책임감을 갖는다. 지방에서는 실제로 부양의 의무를 지는 경우도 많지만, 도시에서는 부양 의무보다도 이 제도가 주로 가톨릭의 영세를 받기 위한 조건이 되기 때문에 필요하다. 대부모는 영세에 필요한 제반 경비를 부담하고 대자(ahijado, ahijada)의 생일이나 기타 중요한 날에 선물 등을 하게 된다. 이 제도는 가족관계를 확대하고 그들 사이의 유대를 남다르게 한다. 친부모와 대부모는 서로 필요할 때 도움을 주고받는 친밀한 관계가 된다.

특히 지방인 경우 지방의 유지가 소작농 가정의 대부모를 하게 되는데 대자의 생계에 일부분의 책임을 져주는 대신 그들 가족의 충성을 기대할 수 있다. 과거 사료에는 주인이 노예의 자녀에 대해서도 대부가 되기도 했다고 한다.

(KoreaTimes Mexico)

홉스테드는 집단주의 사회에서는 일반적으로 혈연적 친척은 아니지만 가족과 같은 유대를 형성하여 내부그룹으로 포함하는 방법을 가지고 있는 것을 발견했다. 특히, 중남미에서는 대부제도(Compadrazgo)를 통해서 친밀한 사람들을 가족과 같은 그룹으로 들어오게 한다. 중남미 상류층에서는 결혼 이외에 대부제도가 내부 그룹을 확대하고 강화하는 수단이 되기도 한다.

2) 권력거리 지수(Power Distance Index; PDI)

• 지표의 기본개념 및 국가별 비교

권력거리 지수에서 권력거리란 '조직이나 단체(가족과 같은)에서 권력이 작은 구성원이 권력의 불평등한 분배를 수용하고 예상하는 정도'를 나타내는 것이다. 이 지수는 PDI로 표시한다. 이는 권력이 약한 사람의 관점에서 사회의 부와 권력 분배의 불평등에 대한 용인(내성)정도를 측정하기 위한 것이다.

권력거리 지수(PDI)

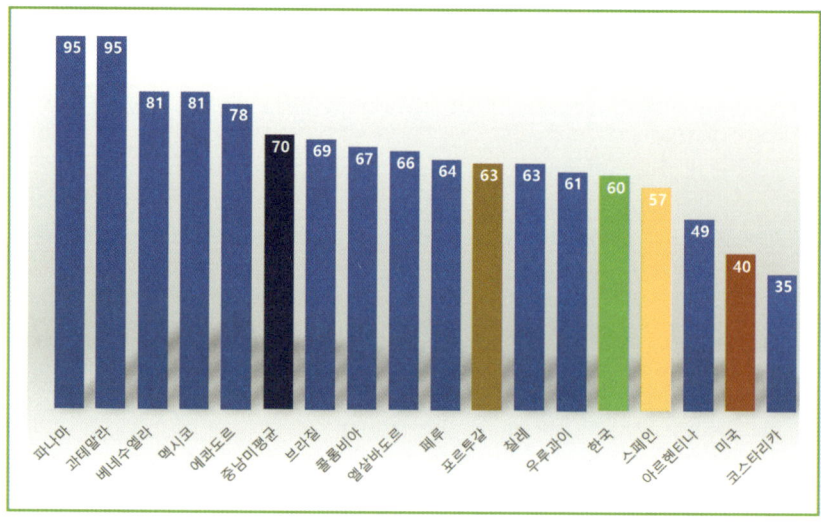

출처: https://www.hofstede-insights.com

중남미의 권력거리지수 평균은 70으로 한국, 미국보다 높은 편이다. 세계 평균은 59.31이며 한국이 평균보다 약간 높은 편이다. 물론 아르헨티나나 코스타리카와 같이 낮은 수치를 보이는 국가들도 있다. 이는 각 국가의 인종구성과 이민 역사도 영향을 미친 것으로 보인다.

 권력거리지수가 높은 문화권에서는 권력을 가진 사람들에 대한 권위와 권력을 그대로 수용한다. 그리고 그런 권력 분포를 주어진 것으로 받아들이고 그 구조를 바꿀 생각은 하지 않는다. 또한 조직에서의 주요 결정과정에 의견을 개진하지도 과정에 참여하려고 하지도 않는다. 가정에서는 자녀들은 부모에게 순종하고 공경하는 것을 부모가 자식을 존중하는 것보다 중시 생각한다.

 반면, 권력거리지수가 낮은 문화권은 수평적 관계로 소통이 활발해질 수 있을 것으로 기대할 수 있다. 회사 내 계급이나 위치를 다른 역할 분담으로 생각하는 경향이 있고, 상하계급차이가 불평등을 의미하지는 않는다고 생각한다. 하급자들이 자유롭게 상급자들의 의견에 대해 솔직한 의견을 내기 쉽고, 조직 의사결정 과정에 관여할 수 있다. 그리고 직장 밖에서는 독립된 개인으로 서로에게 관여하지 않는다.

 중남미는 권력거리지수가 상당히 높은 편에 속한다. 이는 사회적인 불평등 지수가 높으며, 이런 사회적 불평등이 용인되고 있다는 것을 방증한다.

• 권력거리지수 경향성 비교

높은 권력거리의 사회	낮은 권력거리의 사회
조직의 계층 구조는 상층과 하층의 실존적 불평등을 반영	조직의 계층 구조는 편의를 위해 설정된 역할의 불평등에 불과함
중앙 집중화 선호	탈중앙화 선호
감독 인원 많음	감독 인원 적음
조직의 상위와 하위 사이에 높은 급여수준 차이	조직의 상위와 하위 사이에 적은 급여수준 차이
관리자는 상사와 공식규칙에 의존	관리자는 자신의 경험과 부하 직원에 의존
부하 직원은 무엇을 해야 하는지 알려줄 것으로 기대함	부하직원은 협의를 기대함
이상적인 상사는 자애로운 독재자 또는 '좋은 아버지'같은 인물임	이상적인 상사는 유능한 민주주적 리더임
상사-하위 관계는 감성적임	하급-상급 관계는 실용적임
특권과 지위를 드러내는 것이 일반적	특권과 지위를 드러내는 것은 눈살을 찌푸리게 함
화이트칼라 일자리를 블루칼라 일자리보다 더 가치있게 여김	육체노동자와 사무직은 같은 지위를 가짐
권력자와 관련된 스캔들은 일반적으로 은폐됨	스캔들과 관련된 사람들의 정치 경력은 끝남
권력 기반 경영 실천: 공자, 플라톤, 마키아벨	참여적 경영이론: 기독교 신약, 마르크스

출처: Culture and Organizations (Hofstede)

• 불평등 고착화의 역사적 배경

중남미의 불평등 구조와 사람들의 인식 고착화는 식민지 역사의 잔재가 반영된 결과라고 할 수 있다. 스페인 식민지 당시 사회적인 계층구조는 일반적으로 스페인에서 태어난 스페인계 백인(Peninsular: 페닌슐라르), 신대륙에서 태어난 스페인계 백인(Criollo: 크리오요), 백인과 원주민의 혼혈인(Mestizo: 메스티소), 아메리카 원주민(Indígena: 인디헤나)과 흑인(Negro: 네그로)순으로 되어 있었다.

스페인과 포르투갈 정복자들은 유럽에서 넘어온 전염병으로 많은 원주민이 사망하자, 노동력을 보충하기 위해 아프리카에서 수많은 흑인들을 데리고 왔다.

중남미 식민지시대의 사회계층 구조는 인종에 따라 구분되었다. 이는 상하 계층 이동이 불가능한 구조로, 스페인 본국에서 정복자들에게 정복한 토지로부터 원주민에게 조세와 노동력을 징발할 권리를 주는 엔꼬미엔다(Encomienda) 제도에서 이러한 수직적 구조가 만들어졌다고 할 수 있다.

중남미의 독립은 중남미에서 태어난 스페인계 백인인 '크리오요'들이 본국으로부터의 의무에서 벗어나기 위한 독립이었다. 독립 이후 스페인 태생의 페닌슐라레스가 떠나고, 이제 사회 최상위 계층은 크리오요들이 차지하게 되었다. 메스티조, 원주민, 흑인들 입장에서 보면 독립 이후에도 변한 것은 하나도 없는 상황이었다.

경제적으로 봤을 때도 계층구조가 크리오요 메스티조로 계층화 되지만, 경제적으로는 그 격차가 상당히 크다. 대지주와 소작농 개념으로, 상류층

식민지시대 사회계층구조

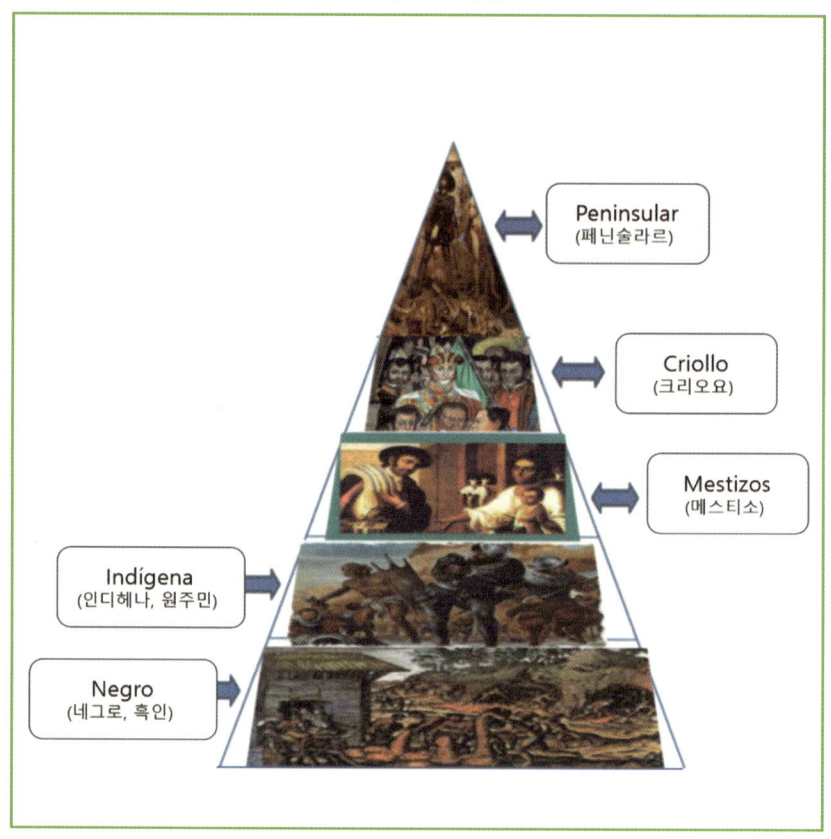

과 하류층으로 나누어졌으며, 봉건제 유산이 남겨진 농업중심의 사회구조상 중산층은 매우 취약하였다. 이후 산업부문에서 새롭게 권력을 가진 사람들이 나타났지만, 토지를 바탕으로 자본을 축적한 사람들이 상업과 산업을 통해서 다시 자본을 축적하는 과정에서, 기존의 인종적 사회계층구조는 변하지 않았다.

독립 이후의 사회계층구조

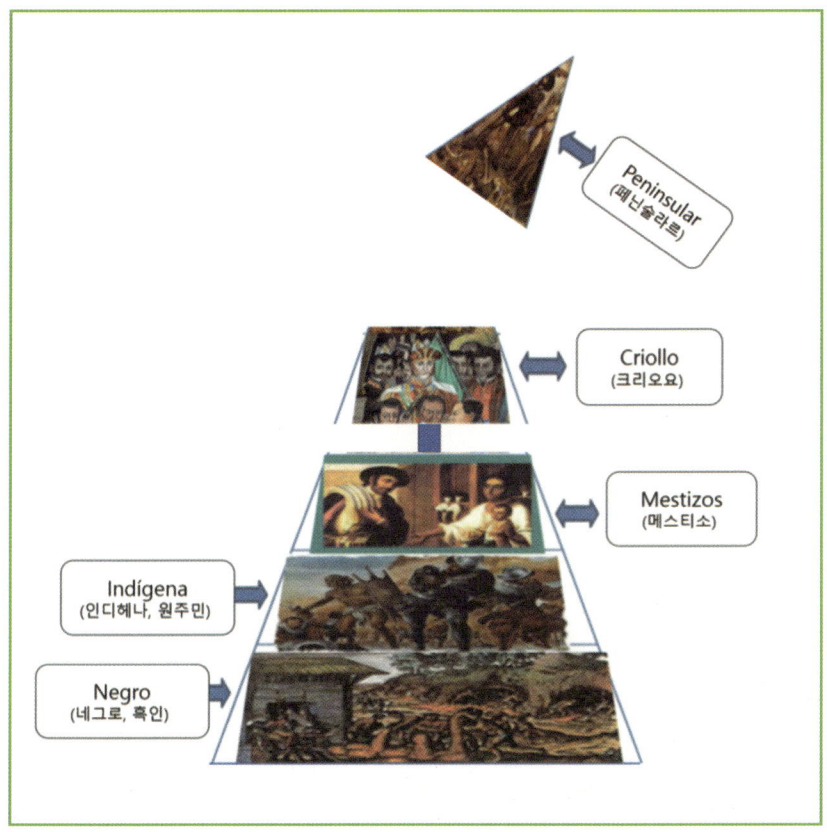

중남미에서는 자신의 부모의 계급이 자신의 삶을 결정해 왔다. 자신의 노력으로 성장하고 성공할 희망이 없었기 때문에, 지금 하루하루 행복하게 사는 것을 중요시하게 되었고, 미래의 (불확실하고 가능성이 희박한) 성공을 위해 현재를 희생하는 것에는 의미를 찾지 못하는 것이다.

· **불평등한 구조에 대해 높아지는 개혁의 요구**

한 가지 간과해선 안 될 것이 있다. 권력거리가 크다는 것은 이런 현실을 어쩔 수 없이 받아들인다는 의미이지 이런 불평등을 정당하다고 생각하는 것은 아니라는 것이다. 중남미의 정치적 불안정, 좌파와 우파의 잦은 정권교체, 불평등에 대한 주요 국가내부에서의 시위와 사회운동에서 볼 수 있듯이, 불평등으로 인한 사회적 용인 한도를 넘어서면 이는 사회 전체적으로 개혁요구 목소리가 힘을 얻게 된다.

최근의 주요 사례로는 칠레를 들 수 있다. 2019년 사회운동 이후, 국민의 요구에 따라 제헌의회가 선출되어 신헌법 제정중이며, 2021년 12월 불평

2019년 칠레 시위(스페인어: Protestas en Chile de 2019)

등 문제를 해결하겠다고 공약한 보리치(Boric)가 대통령으로 당선되었다.

중남미에서는 지금까지 다양한 사회운동, 원주민운동, 사회혁명 시도가 꾸준히 일어나고 있다. 이는 중남미 국가들이 권력거리에 따른 불평등을 어느 정도 용인하고 받아들이기는 하지만, 이를 정당하게 생각지 않기 때문에, 일정 한도가 넘어서면 자신의 목소리 내는 것을 주저하지 않는다.

· **권력거리에 따른 행동양식**

사회적 구조가 권력거리를 반영하는데, 중남미에서는 각 조직 내 계급에서의 위계와 자리에 맞는 행동양식이 중요하다. 상급자에 대한 복종의 자세가 일반화 되어있다. 그렇다보니 중남미 기업들의 경영방식은 상당히 권위적이다. 하지만 다른 측면에서 보면 피고용자들이 고용주로부터 인간적인 존중과 관심을 가져주기를 바란다는 것이다. 전통적으로 고용주와 피고용인은 상호의존적인 관계였다. 이 관계는 과거 농업중심 사회 전통에서 온 것으로, 대지주가 소작농을 고용하고, 소작농이 노동하는 대신, 대지주는 의식주를 책임지는 것이다. 소작농 가족사에도 지주가 자주 참여하는 전통처럼, 현재에도 고용주가 피고용인의 개인적 대소사에도 어느 정도 관여하기도 한다.

권력거리는 하급자가 조직의 중요 결정 과정에 참여하지 못하게 한다. 하급자는 자신의 의견을 내는 것을 주저할 때가 많다. 상급자가 의견을 물으면, 자신의 의견을 이야기하기 보다는, 상급자가 어떤 대답을 원할지 눈치를 먼저 본다. 그리고 업무에 대해서도 지시한 것 외에는 다른 일을 임의적으로 결정해서 하려고 하지 않는다. 논리적으로 다른 일을 함께하거나 먼저 하면 좋다고 생각이 들어도, 감히 상사의 지시 없이 임의로 처리하는 것을 두려워한다. 그러므로 업무 지시는 매뉴얼이나 프로세스를 세세하게 전달해야 하고, 수시로 이를 확인하면서 관리하는 것이 필요하다.

· 현지기업과 다국적 투자기업의 입장은 다르다.

여기서 기억할 것은, 중남미 현지기반 기업과 다국적 투자 기업과는 입장이 다르다는 것이다. 중남미에 투자한 한국기업인들은 현지인 노동자들이 회사에 대한 충성심이 없고, 다른 기업에서 급여를 조금만 더 올려준다고 해도 이직을 한다고 인사관리에 어려움을 호소한 이야기를 종종 듣는다. 사실, 해외 투자기업에서 일하는 직원들의 경우 그들을 붙들 수 있는 수단은 급여가 전부이다. 반면, 현지기업은 특히, 어떤 지역에 기반을 둔 기업의 경우는 오랫동안 같은 지역에서 고용인과 피고용인이 살면서 급여 외적으로 사회적 연결고리가 많다. 또한, 종교적으로나 가족적으로 교류가 있고, 지역 내 평판과도 연결이 된다. 회사에 대한 충성심이 아닌, 보스에 대한 의리가 더 힘을 발휘한다.

· 인종차별 아닌 인종차별

중남미는 위에서 언급한 것과 같이 인종적 다양성이 큰 지역이다. 사회적 경제적 계층구조가 인종적 구조와 대응된다. 즉, 백인들이 정치적으로나 경제적으로 상류층 중산층을 이루고 유색인종들이 중산층 이하를 대부분 차지하고 있다. 이러한 인종구조와 대응되는 경제적 불평등이 사회적인 불안정 요소가 되기 때문에, 중남미 국가 정부들은 다인종 다민족이 어울려 사는 차별 없는 나라를 표방한다. 브라질의 경우도 인종이나 타문화에 대한 차별적인 발언과 행위에 대해서 상당한 규제를 실시하고 있으며, 원주민 비율이 상대적으로 높은 안데스 국가들은 다민족 국가를 국가 정체성으로 내세운다.

 그러나 현실은 어떨까? 중남미 대부분 국가의 중산층 이상 가정에서 볼 수 있는 모습이 있다. 백인 가정에서 일하는 혼혈인 또는 원주민 가정부의 모습이다. 아무리 인간적으로 주인이 잘 대해준다고 해도 보이지 않는 간격이 존재한다.

영화 '로마'의 한 장면. 클레오가 아이를 구해내고 함께 끌어안는 모습.

이를 잘 보여준 영화는 영화 그래비티(Gravity)로 유명한 알폰소 쿠아론(Alfonso Cuarón) 감독의 영화 '로마(Roma)'이다. 멕시코시티 '로마'는 우리나라로 치면 '동'에 해당하는 중산층 지역의 이름이다. 이 영화는 한 백인 가정에서 일하는 가정부(보통 무차차muchacha라고 부름) 클레오(Cleo)의 이야기다. 클레오는 입주 가정부이자 보모로서의 역할을 한다. 아이들도 클레오를 잘 따른다.

클레오는 한 젊은 남자와 사랑에 빠져 임신한 뒤 남자로부터 버림받는다. 집 주인인 소피아도 남편의 외도로 이혼을 결심한다. 그러나 클레오는 사산하게 되고, 주인집 식구들과 카리브의 베라크루스(Veracruz)해변으로 여행을 간다. 그곳에서 바다에 빠진 주인의 아이(소피Sophi와 빠꼬Paco)를 구해낸다. 가족들은 모두 고마운 마음에 클레오를 끌어안는다. 이 장면만 보면, 사회 계층과 인종을 뛰어넘는 아름다운 모습을 상상하게 된다. 하지만, 여행을 다녀온 후 다시 일상으로 돌아가는 모습에서 뛰어넘을 수 없는 장벽을 보게 된다.

이런 모습은 어디서든 볼 수 있다. 레스토랑 주인의 피부색과 종업원의 피부색은 예상한 것과 다르지 않다. 저소득 직종의 사람들과 고소득 직종의 사람들의 인종적 차이는 직관적으로 판단할 수 있다.

지금은 인종으로 차별하지 않고, 능력을 평가하여 능력 있는 사람에게 더욱 많은 더 좋은 기회가 주어진다. 얼핏 보면 정당한 말 같아 보인다. 하지만, 사회를 들여다보면 왜 계층 사다리가 작동하지 않는지가 보인다.

대부분의 개발도상국과 같이, 대체로 중남미 국가에서는 사회보장제도가 부족한 편이다. 교육과 보건서비스도 민간과 공공부문으로 나뉘어져 있고, 공교육과 공공보건 서비스는 민간 교육과 보건 서비스와의 질적 격차가 크다. 중산층 이상의 백인 가정 자녀들은 좋은 사립학교에서 좋은 커리큘럼과 교사들로부터 양질의 교육을 받고, 좋은 인맥을 구축한다. 반면, 혼혈인이나 원주민들은 인프라와 교사의 역량이 떨어지는 공립학교에서 졸업하기도 쉽지 않다. 초등학교 고학년이나 중고등학생만 되어도 집안을 도와 경제활동을 해야하기 때문이다.

사립학교의 학비는 일반 서민들이 갈 수 없는 수준이다. 이는 초중고 대학교까지 마찬가지이다.

필자의 경우도 여러 현지인 직원들을 인터뷰하고 채용을 한 적이 있다. 한국기업을 지원하는 일이다보니, 영어 소통능력이 필수인데, 공교육 기관에서 공부하여 영어를 잘하는 직원 후보를 찾는 일은 거의 불가능했다. 또한, 중남미는 일을 처리하는데 있어 인맥이 중요한 요소인데, 인맥이 좋은 후보군은 중산층 이상의 사립학교를 다닌 사람들이다. 그렇게 후보를 추려내다보면 백인들이 남게 된다.

물론 기업 내에서도 집안 배경이 약한 혼혈인이 내부승진으로 고위직에 올라가는 경우가 있다. 쉽지는 않다. 백인이 부하직원으로 오면 왠지 모를 긴장감이 감돌기도 한다. 그럼에도 강한 리더십으로 자리를 유지하는 사람들이 있다. 여기에는 두 가지 요인이 있다. 하나는 탁월한 '실력'이고, 두 번째는 오너(Dueño)의 '신임'이다. 배경이 없는 사람을 회사의 가장 높은 경영진이 신임하고 외풍을 막아주어 실력을 발휘할 수 있게 해주는 경우이다.

▶ 개인주의(집단주의)와 권력거리 지표간의 관계

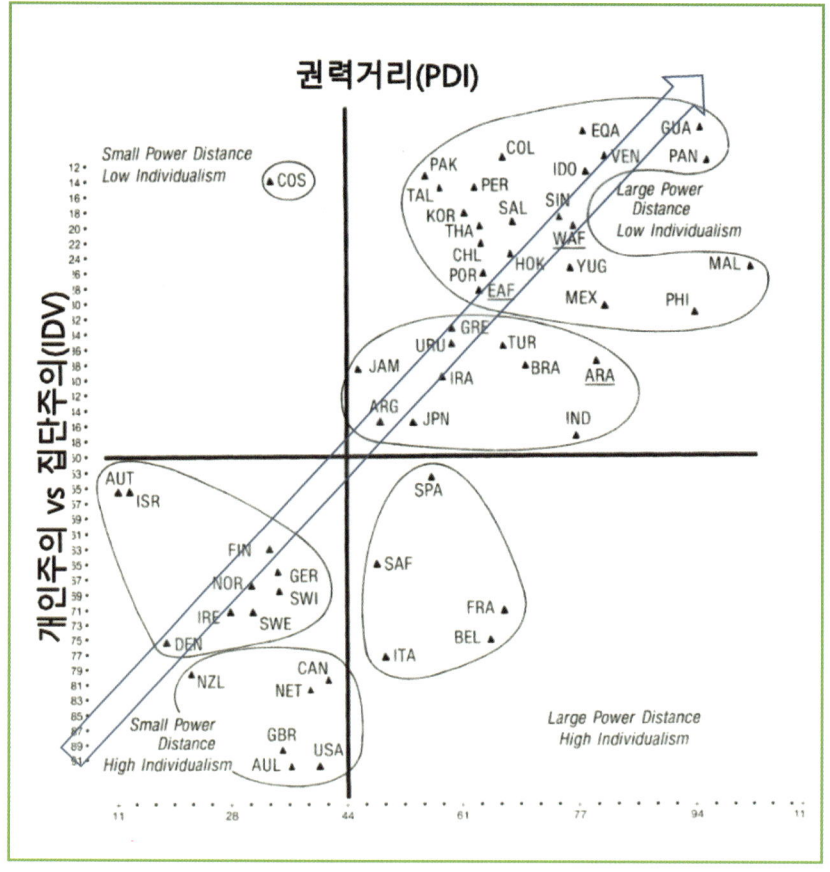

출처: The Cultural relativity of organizational practices and theories

양의 상관관계를 보이는데, 집단주의가 강할수록(개인주의가 약할수록) 권력거리가 크게 나타난다.

3) 불확실성 회피(Uncertainty Avoidance Index; UAI)

・지표의 기본개념 및 국가별 비교

불확실성 회피 지수는 동일 문화권의 구성원들이 불확실한 상황에서 위협을 느끼는 정도를 말한다. 즉, '불확실성과 모호함에 대한 사회적 용인' 정도를 의미하며, UAI로 표시한다.

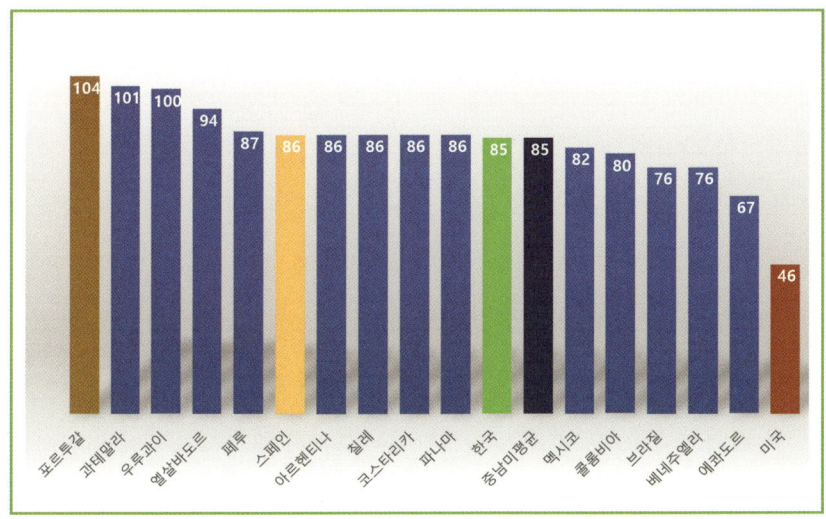

출처: https://www.hofstede-insights.com

불확실성 회피성이 강한 문화권에서는 확실치 않은 것들과 모호한 것을 피하려는 성향이 크다. 제도, 서류, 의식, 규칙, 규제를 강조하는 경향이 있다. 반면에 불확실성 회피성이 약한 문화권에서는 규범, 규칙, 규제를 최소화하고, 형식보다는 창의적이고 독창적인 생각을 높이 평가한다. 홉스테드 조사에 따르면, 중남미는 평균적으로 불확실성 회피성이 강한 것으로 나타났다. 불확실성 회피성이 약한 나라로는 미국이 대표적이며, 서유럽국가들이 약한 그룹에 속한다.

 불확실성 회피지수가 높다는 것은 중남미 사람들이 불확실성이 큰 역사적 사건들을 경험했고 그 사건들이 그들의 삶에 직접적으로 지금까지도 영향을 주고 있고, 이를 삶의 위협으로 느끼는 것을 방증하는 것이다. 반대로, 불확실성 회피지수가 낮은 문화권에서는 사회적 변화가 삶에 영향은 주지만, 삶의 안정성을 크게 악화시키거나 위협이 될 정도가 아니라고 인식하기 때문일 것이다.

 중남미의 이러한 높은 불확실성 회피 성향으로 인해 법률과 규칙을 과도하게 설정해 놓기도 한다. 일례로, 중남미 국가들의 헌법의 분량은 상당히 많다. 우리 입장에서는 법률에 들어갈 만한 내용들도 헌법에 포함시켜 놓는 경우가 적지 않다. 또한, 소위 관료제로 불리는 복잡한 각종 행정절차와 규제가 일반화되어 있다. 그러나 안타깝게도 준법 수준에 대해서는 의문을 제기하는 사람들이 적지 않다. 이는, 규칙이 반드시 지켜져야 한다는 것 보다는, 규칙의 존재가 가져다주는 심리적인 안정에 중점을 두기 때문으로 보인다. 이런 성향이 기업의 운영과 소비자의 행동양식 등에도 많은 영향을 주고 있다.

· 불확실성회피지수 경향성 비교

불확실성회피지수가 높은 사회	불확실성회피지수가 낮은 사회
관리자 변화 적음. 긴 근속기간, 일과 삶의 균형 어려움	관리자 변경 많음. 짧은 근속기간
작동하지 않을지라도 규칙에 대한 감정적 필요 존재	엄격하게 필요최소한의 규칙
바쁘게 움직이며 열심히 일하고 싶은 내적 충동이 있음	필요할 때만 열심히 일함
시간은 돈	시간은 방향성을 위한 구조임
정확성과 형식화의 필요성	모호함과 혼돈에 대한 관용
전문가와 기술 솔루션 신뢰	제너럴리스트와 상식에 대한 믿음
최고 관리자는 일상 업무에 관심	최고 경영자는 전략에 관심
더 적은 수의 새로운 상표	더 많은 새로운 상표
의사결정 내용에 집중	의사결정 과정에 집중
기업가: 기존 규칙의 제약을 받음	기업가: 규칙에서 비교적 자유
발명은 잘 못하지만, 구현은 잘함	발명은 잘하지만, 구현은 잘 못함
동기유발요인: 안정, 존중, 소속감	동기유발요인: 성취, 존중, 소속감
책과 신문을 덜 읽음	구매 결정시 윤리적 고려 사항
신제품/신기술에 대한 주저함	신제품/신기술에 대한 빠른 수용
보수적 투자	위험한 투자
광고: 전문지식 어필	광고: 유머의 매력 어필

출처: Culture and Organizations (Hofstede)

· 기업운영(고용, 업무 프로세스)에서의 유의점

 기업의 운영에서 특히 고용주와 피고용인과의 권리의무를 규정하는 다양한 장치를 마련하고 운용해야 한다. 고용계약서도 한국보다 많은 조항으로 세부적으로 기재하고 있으며, 취업규칙도 세세한 행동규칙까지 포함하여 마련하고 있다. 또한, 업무 프로세스에서도 나름의 공식 절차를 설정하고 이를 준수하려는 경향이 강하다. 이런 것이 오래도록 지속되면, 변화해야 할 때 변화를 받아들이는 것이 약해지기도 한다.

· 기업인들의 성향 - 단기지향적 & 위험회피적

 중남미에서는 기업 활동 환경의 불확실성과 불안정성이 기업의 의사결정에도 큰 영향을 미치고 있다. 특히, 정권교체가 되는 경우, 또는 동일 정부 내에서의 경제 정책 변화와 국제 원자재 시장 등 해외 시장 변화로 인한 환율 및 이자율의 큰 변동으로 인해 기업은 장기적인 사업계획을 수립하고 추진하는데 어려움이 있고, 높은 변동성을 미리 사업추진에 반영하므로 물가 수준이 높게 유지된다. 장기적인 투자보다는 단기간 고수익 창출이 가능한 사업에 집중한다. 또한, 확실한 투자처가 아니면 신규투자를 주저한다. 또한, 수입업자들의 경우 우리나라에 비해 중간 마진 정도가 상당히 큰 편이다. 그래서 수입품 및 공산품의 물가가 비싸게 느껴지기도 한다. 이전에 브라질 바이어와 면담을 한 적이 있었다. 브라질도 환율 변동이 적지 않은 곳이어서 수입상들은 항상 환율을 예의주시하고 있다. 당시 (2014년) 달러당 헤알(Real)화 환율이 2.30헤알 정도에서 움직이고 있었는데, 바이어는 3.30헤알까지 자국화폐 가치가 하락해도 수익이 날 수 있도록 가격을 설계해 놓는다고 하였다. 이렇게 불안정하고 변동성이 큰 환율을 고려하여 가격을 설정하다보니, 전반적으로 현지화 물가가 높게 형성이 되는 경향이 있다. 참고로, 2021년 12월 1달러당 5.75헤알까지 가치가 하락하였다.

- **높은 '불확실 회피 비용' 지불의사**

중남미에서는 불확실성을 회피하기 위한 비용을 지불할 의사가 크다. 어떤 의미로는 뇌물(soborno, coima)도 불확실성을 회피하기 위해 지불하는 비용으로 인식된다. 공공기관에 인허가 등으로 필요한 절차를 진행해야 하는데, 시간이 얼마나 걸릴지 제출한 서류에 문제가 없는지 알기가 어렵다. 기관별로 절차 가이드라인은 있지만, 그대로 진행되는 것을 믿는 사람은 많지 않다. 일상에서의 작은 뇌물은 안 될 것을 되게 하는 것보다는, 당연히 되어야 할 일이 확실히 될 수 있도록 하는 것이라고 보면 된다.

그러나 외국인은 이런 급행료와 수수료 처리를 주의할 필요가 있다. 보통 대행사나 변호사가 인허가 절차를 대리하는데 외국인에 대해서는 불필요한 비용이나 서류를 요청하고 차일피일 미루는 일이 종종 발생하기 때문이다. 필자가 무역관 근무 당시 한 교포업체의 한국 제품 수입 인허가가 과도하게 늦어지고 있어 지원한 적이 있었다. 알고 보니 중간 인허가 담당 브로커가 현지 사정을 잘 모르는 외국인 고객을 이용한 것이었다. 무역관에서는 당시의 인허가 기관과 다양한 협력 사업을 진행 중이어서 이런 애로사항에 대해서 관계기관장에게 도움을 청했고, 친절히 절차와 서류를 안내받아 처리한 경험이 있다. 공관과 무역관은 우리 기업이 주재국이 요구하는 조건을 충족했음에도 불이익이나 부당한 대우를 받을 때 도움을 주어 해결을 할 수 있다. 앞으로 이러한 일이 있을 경우, 해외에서 공관이나 무역관의 컨설팅과 지원을 받는 것을 추천드린다.

· 불확실성 회피성향은 한국에게 기회

중남미에서 한국의 국가브랜드 가치는 상당히 높은 수준이다. 많은 중남미 국가들이 한국의 경제발전 모델에 대해서 관심이 많고, 한국의 문화(음악, 영화, 드라마, 음식 등)에 대한 관심과 인기가 높아지고 있다. 특히, 한국 제품은 품질이 좋다는 인식이 있고, 한국 업체에 대한 신뢰성은 타국에 비해서 높은 편이다.

필자가 근무한 멕시코, 브라질, 에콰도르에서도 직접 중국에서 수입하기보다는 한국 무역업체를 통해서 수입하는 업체가 적지 않았다. 이유를 물어보니 한국 업체는 납기를 잘 지키고, 제품품질 관리를 잘하며, 소통이 잘되기 때문이라고 했다. 물론, 거래하는 한국 업체가 좋은 업체이기도하고, 필자가 무역관에서 일했으니 한국에 대하여 좋은 이야기를 해주는 것일 수도 있지만, 중국산 소싱을 한국 업체에 맡기는 업체를 다수 만날 수 있었기 때문에 의미있게 받아들여졌다. 즉, 중남미에서 한국에 대한 높은 호감도와 신뢰도, 중남미의 불확실성 회피성향이 한국에게 기회가 될 수 있다는 것이다.

우리기업들이 중남미 고객들의 불안요소를 해소해주면 더욱 좋은 성과를 낼 수 있을 것이다. 방법 중 하나는 납품이력 홍보이다. 중남미 국가에 납품한 경험이 있다면 더 좋다. 기업 신뢰성을 높이기 위해, 인지도가 높은 대기업이 아닌 경우, 대한무역투자진흥공사(KOTRA), 중소벤처기업진흥공단(중진공) 등 한국정부기관의 해외진출지원서비스를 활용하는 것이 바람직하다. 중남미는 집단주의가 강하고 권력거리가 큰 곳이기 때문에 한국 공공기관의 지원을 받는 기업에 대해서는 일단 신뢰하고 협의를 시작 한다. 비즈니스 소통을 꾸준히 지속적으로 해야 한다. 일단 오더가 들어가고 진행상황을 주기적으로 소통하는 것이 좋다. 온라인 마케팅을 통해서 인터넷 노출을 확대하고, 타고객의 경험을 공유하여 우려하는 부분을 해소해 주는 노력이 필요하다.

· **보수적인 소비성향**

중남미에 가서 보면 사교성이 좋고 금방 친구가 되는 것 같다. 자유롭고 개방적으로 보인다. 그러나 소비 성향은 매우 보수적이다. 여기서의 소비성향은 개인과 기업, 정부 모두를 포함한다. 불확실한 것에 대한 회피성향이 여기에도 나타난다. 패션이든 전자기기 등 미국과 유럽의 유행을 거쳐서 반시즌에서 한시즌 늦게 시장에 들어온다. 그리고 서비스업에 있어서도 단골이 반드시 존재하고, 한번 써보고 적응된 브랜드에 대한 충성심이 높다. 한번 신중하게 선택한 거래처는 잘 바꾸지 않는 편이다.

이는 불확실성 회피성향이 영향을 준 부분이라고 할 수 있다. 새로운 시도에 대해서 주저한다. 그리고 다른 사람들의 평을 들어보고 선택을 한다. 선택을 하고 익숙해지면 잘 바꾸지 않는다.

이런 성향을 고려해서 마케팅 영업 전략을 짤 필요가 있다. 다른 고객 경험을 마케팅 수단으로 활용한다. 초기에 프로모션을 통해서 익숙해지도록 한다. 제품과 분야별로 차이가 있을 수 있지만, 중남미에서는 신제품이 출시되면 가격을 높게 설정하는 가격 걷어내기(Pricing Skimming)전략보다는, 저가로 시장점유율을 높이는 침투가격설정(Penetrating Pricing)전략과 초기에 낮은 가격을 설정하되 부품 또는 소모품에서 이윤을 확보하는 낚시가격설정(Bait and Hook Pricing) 전략을 사용하는 기업들이 많다.

중남미 평판관리도 중요하다. 중남미는 브라질을 제외하고는 동일언어를 사용하기에 지역 내 정부와 기업 간의 소통이 훨씬 용이하다. 일례로, 한국의 한 엔지니어링 업체는 A 국에서 현지 시공경험이 없어 단독 진출은 어려운 상황이었다. 이에 다국적 엔지니어링 업체와 컨소시엄을 구성하여 레퍼런스를 쌓고, 이를 바탕으로 중남미 다른 B 국가에서도 수주하여 프로젝트를 진행한 적이 있었다. 이때, B 국의 발주처가 A 국 발주처에 연락하여 평판조회를 했다고 한다. 이와 같이 불확실성을 회피하기 위해 다양한 방법을 사용하는데, 이것이 한 국가내로 국한되지 않으니, 지역 평판관리에도 신경을 써야 한다.

4) 남성성 대 여성성(Masculinity; MAS vs. Femininity)
· 지표의 기본개념 및 국가별 비교

남성성과 여성성은 사회의 구성원들이 남성과 여성의 사회적 역할을 얼마나 분명하게 구분하는지를 나타낸다. 남성성이 강한 문화권이란 사회적 성 역할이 분명히 구별되는 것을 의미한다. 남성은 적극적이고, 강인하며 물질적 성공에 집중해야 한다고 여기며, 여성은 겸손하고 부드러우며 삶의 질에 관심을 가지는 것으로 구분한다. 즉, 남자가 주도적인 위치에서 사회생활과 경제활동의 영역에서 활발히 활동하고, 여성은 자녀양육과 가정을 꾸려나간다는 성역할로 구분되며, 이것이 사회적으로 얼마나 받아들여지고 있느냐를 나타낸다고 할 수 있다. 반면, 여성성이 강한 문화권에서는 사회적 성 역할이 겹치는 것을 의미한다. 남성과 여성 모두 공히 겸손하고 부드러우며 삶의 질에 관심을 가지는 것을 자연스럽게 받아들인다. 이 척도는 MAS로 표시하며, 지수가 높을수록 남성성이 강한 문화임을 나타낸다. 남성성이 강한 문화권은 능력, 경쟁, 이상, 성취, 승리를 중요한 덕목으로 여기는 반면, 여성성이 강한 문화권은 성공자체 보다는 인간관계, 삶의 질, 헌신, 조화, 환경보호, 양성평등 등을 중요한 덕목으로 생각한다.

중남미는 마초(Macho, 남성우월주의)문화가 강할 것으로 생각을 하지만, 중남미 평균은 미국보다 낮은 편이다. 참고로 일본이 90점으로 동 지

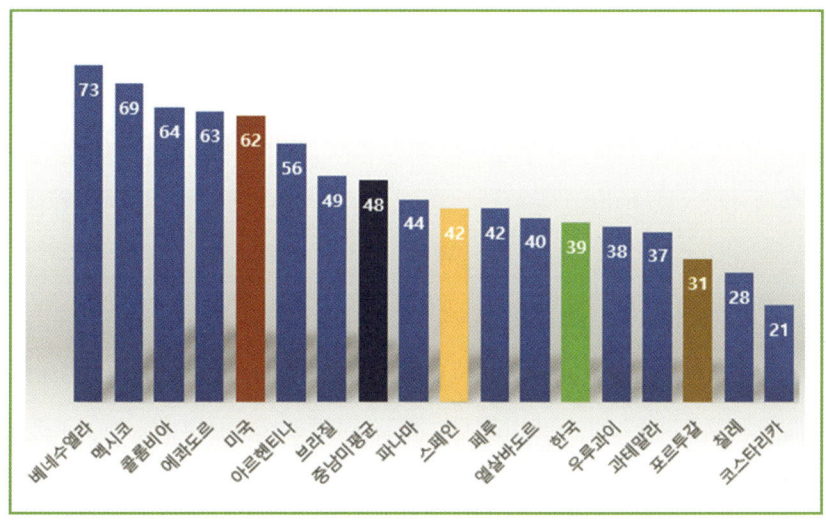

출처: https://www.hofstede-insights.com

표 1위를 차지하였다. 한국은 의외로 여성성이 강한 국가로 나타났다.

한국이나 중남미가 의외로 남성성 지수가 낮게 나타난 것은 엘리트 층의 사람들이 능력을 갖추고 경쟁을 통해 이룬 성공과 성취로 존경을 받기 보다는, 능력 외적인 요소들이 강하게 작용하여 얻은 성취라는 인식이 강하기 때문인 것도 한 몫 한다. 그리고 미국과 서유럽은 경쟁을 통한 성공이라는 자유주의 자본주의적 전통이 강한 반면, 사민주의 전통이 강한 북유럽에서는 공동체와 조화를 중시하기 때문에 여성성이 큰 것으로 나오는 것이라 생각할 수 있다.

라틴 아메리카 국가들은 남성성-여성성 척도의 폭이 상당히 넓은 편이다. 베네수엘라가 73점을 기록한 반면, 코스타리카는 한국(39점)보다 낮은 21점을 기록했다. 지리적으로 보면 중앙아메리카 국가와 페루와 칠레는 여성성이 더 높은 것으로 나타났고, 멕시코, 베네수엘라, 콜롬비아, 에콰도르는 남성성이 강한 것으로 나왔다. 이런 차이를 설명하는 한 가지 가설은 스페인 정복 이전에 지배적이었던 원주민 문명의 유산에 기인한다는 것이다. 상대적으로 호전적인 아즈텍(Aztec) 문화를 계승한 멕시코는 남성성이 강하고, 덜 호전적인 마야(Maya)문명을 계승한 중앙아메리카 지역과 마야를 닮은 잉카(Inca) 문화를 계승한 페루와 칠레에서 여성성이 강하다는 설이다. 그러나 아직 이를 확실하게 설명할 이론은 없는 것으로 보인다.

결국, 남성성-여성성 척도의 경우는 중남미 전체적으로 바라봐서는 정확한 파악이 되지 않을 것이다. 적어도 국가별로 나누어 봐야하며, 국가내부에서도 해안지역 고지대, 이민자가 많은 지역과 원주민이 많은 지역으로 구분해서 봐야할 필요가 있다.

· 남성성과 여성성의 사회적 성향 비교

남성성이 강한 사회	여성성이 강한 사회
필요 경영자질: 결단력과 공격적 리더십	필요 경영자질: 직관과 합의
갈등해소 방안: 강자 승리 보장	갈등해소 방안: 타협과 협상
보상의 기반: 형평성	보상의 기반: 평등
대규모 조직 선호	소규모 조직 선호
사람은 일하기 위해 산다.	사람은 살기 위해 일한다.
여가 시간보다 돈을 더 버는 것 선호	돈을 더 버는 것보다 여가 시간 선호
직업: 남자는 필수, 여자는 선택	직업: 남녀 모두 선택 사항
전문직에서 일하는 여성의 비율은 더 낮음	전문직에 일하는 여성의 비율이 더 높음
직무 역량 강화를 통한 업무	접촉과 협력을 통한 업무
경쟁력 있는 분야: 제조업 및 중화학공업	경쟁력 있는 분야: 농업 및 서비스 산업
직업선택 요인: 경력 기회	직업선택 요인: 내재적 관심
인터넷 사용이유: 정보수집	인터넷 사용이유: 관계형성

출처: Culture and Organizations (Hofstede)

위에서 언급한 바와 같이 중남미는 국가별로 남성성과 여성성의 폭이 크고, 국가 내에서도 편차가 크게 나타나는 지표여서 이를 일률적으로 판단하기는 쉽지 않다. 다만, 남성성이 강했던 지역들도 산업구조의 변화와 여성의 사회적 지위 향상으로 인해 점점 여성성이 강해지는 방향으로 바뀌어가고 있는 것이 아닌가 한다.

· 타겟지역의 성역할과 지위에 대한 사회적 분위기 파악 필요

중남미는 다양성에 대한 관용도가 높은 지역이다. 이것이 여성의 지위 향상에도 영향을 주고, 또한 성소수들도 광범위하게 받아들여지는 방향으로 바뀌고 있다. 반면, 중남미의 어떤 지역 또는 분야에서는 전통적으로 성별, 나이, 사회적 지위에 따른 역할이 여전히 구분되어 있을 수 있다.

그러므로, 홍보 마케팅을 할 때는 한국에서 가지고 있는 성 역할 개념을 그대로 이용하는 것은 위험할 수 있으니, 현지 타겟 시장의 문화를 꼼꼼히 조사할 필요가 있다. 예를 들어, 우리나라도 그렇지만, '남성 파일럿 - 여성 스튜어디스'와 같이 타겟 지역내에서 성별에 따른 역할 개념이 나누어져 있는 경우, 억지로 이런 틀을 바꾸려고 하지 않는 것이 비즈니스 차원에서는 바람직하다.

· 중남미에서의 여성의 사회적 역할 증대

중남미에서도 여성들의 사회적인 역할들이 점차 확대되고 있다. 그런 지표중 하나가, 내각에서의 여성비율이다. 라틴 아메리카와 카리브해에서는 여성의 내각 참여가 눈에 띄게 증가했다. 중남미 지역은 2018년 이전에 비해 여성의 내각참여비율이 4%p이상 높아져 중남미 평균은 28.5%에 달했다. 특히, 콜롬비아(+22.41), 코스타리카(+23.74), 멕시코(+17.61)의 세 국가가 이전 내각에 비해 여성 각료의 비율이 크게 상승하였다. 2018년 이후 코스타리카는 55.17%로 여성이 주축이 된 내각을, 콜롬비아는 50%로 균형 내각을 구성했다.

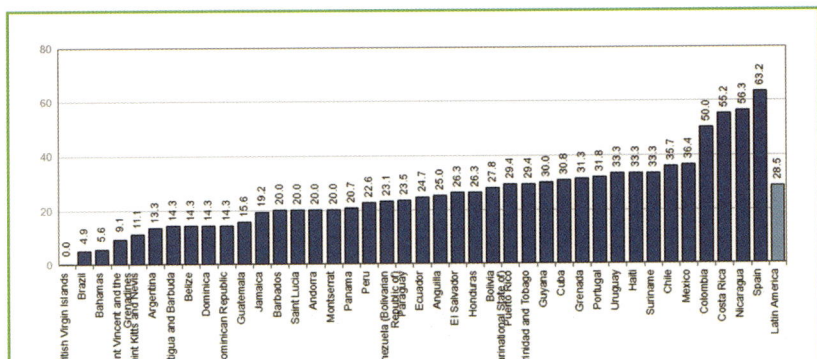

중남미 내각 여성장관 비율(최근 3년)

출처: UN CEPAL

참고로 미국의 트럼프 행정부에서는 26%였으며, 바이든 행정부는 46%가 여성 각료이다. 한국 여성 장관비율은 문민정부 출범이후 김영삼 정부 18.8%, 김대중 정부 17.6%, 노무현 정부 21.1%, 이명박 정부 6.7%, 박근혜 정부 11.8%였고, 문재인 정부는 2021년 12월 기준 20%정도이다.

여성의원 비율의 경우, 국제의원연맹(Inter-Parliamentary Union) 자료에 따르면 2000년 이후 라틴 아메리카 지역에서 선출된 여성 의원의 비율이 크게 증가세를 보이고 있다고 한다. 2018년 이후 중남미 지역의 여성의원 비중은 30.7%이다. (참고로, 한국은 2021년 현재 19%임) 특히, 쿠바(53.2%), 볼리비아(53.1%), 멕시코(48.2%), 그라나다(46.6%), 니카라과(45.6%), 코스타리카(45.6%)는 세계적으로도 여성 국회의원 비율이 높은 국가에 속한다.

 중남미 각국은 경제적, 사회적 불평등 해소를 위한 노력의 일환으로 여성과 원주민의 역할 강화를 들고 있다. 현재는 보수 진보 상관없이 여성의 정치 참여가 이전보다 활발히 이루어지고 있다.

▶ 페루의 여성 교통경찰 실험

출처: Peru21
페루, 리마(Lima)의 교통경찰

> 페루 알베르토 후지모리 페루대통령은 경찰의 부패를 근절하기 위해 수도 리마의 교통경찰 2천5백명을 99년 7월까지 전원 여성으로 교체하겠다고 최근 발표. 후지모리대통령은 교통법규 위반을 막대사탕 1개 값에 불과한 단돈 1달러를 받고도 눈감아 줄 정도로 썩어빠진 교통경찰의 이미지를 바로잡는 데는 여성이 적격이라는 판단에 따라 100% 여성경찰계획을 세웠다고 한다.
> (AP 1998.8.25.)

리마를 방문했을 때, 거의 모든 교통경찰이 여성이어서 신기해했던 기억이 있다. 현지인에게 물어보니, 교통법규 위반자가 여성 교통경찰에게 뇌물을 줄 때, 여경은 자신을 성매매 여성으로 간주하는 것과 비슷한 수준으로 분노를 느껴, 철저하게 법집행을 한다는 이야기를 해주었다. 현재 리마의 교통경찰 중 여성 비율은 90%라고 한다.

필자가 마지막으로 근무한 에콰도르에도 여성 고위직 인사들이 많이 있었다. 현지인에게 물어보니, 여성들이 정부 내에서도 역할 본질에 충실하고, 청탁의 유혹에도 더 강할 것 같다는 인식이 있다고 한다.

코넬(Cornell)대학 사브리나 카림(Sabrina Karim) 조교수는 페루 여자 교통경찰 관련하여 10년 동안 연구하여 흥미로운 결과를 발표했다. 설문조사결과 응답한 95%가 여성 경찰로 인해 부패문제가 줄어들었다고 대답했다. 그리고 87%가 여성 경찰이 남성경찰에 비해 법집행이 철저하다고 하였으며, 67%는 여성 경찰이 남성보다 부패하지 않다고 대답했다고 한다.

 이 연구결과는 남성과 여성 중 누가 더 부패에 취약하냐에 대한 논쟁을 불러일으켰다. 세계은행에서는 여성이 대체로 남성보다 도덕관념이 높고 위험을 감수하기 싫어하는 성격을 가졌기 때문이라고 하고, 어떤 학자는 성별과 부패의 인과성이 증명되지 않았고, 그 사회의 문화와 제도에 따라 다르게 나타난다고 말했다.

 적어도 현재의 중남미는 상대적으로 여성이 부패할 가능성이 낮은 사회적 문화적 환경인 것 같다.

 중남미에서 여성들의 사회진출, 특히 정부기관 진출이 높아지는 이유가 무엇일까? 다양한 의견이 있지만, 여성의 낮은 부패 가능성도 그 이유 중 하나일 것이다.

5) 장기지향성 vs 단기지향성
   (Long Term Orientation; LTO vs. Short Term Orientation)

· **지표의 기본개념 및 국가별 비교**

홉스테드는 '장기지향은 미래의 보상을 지향하며, 특히 근면과 검소와 같은 덕을 함양하는 것을 중시하고, 단기지향은 과거와 현재를 중시하고, 전통을 존중하며 '체면'을 보존하고, 사회적 의무 이행을 덕으로 여긴다.'고 말한다. 이 척도는 LTO로 표시하며, 지수가 높을수록 장기지향성이 강한 문화임을 나타낸다.

홉스테드 조사결과 우리나라는 장기지향성이 높은 나라이며, 중남미는 장기지향성이 낮은 국가들로 이루어져 있다. 이 지표는 한국인들이 해석에 오해할 여지가 많아 보인다. 단기지향성을 마치 근시안적인 것으로 받아들이는 경우가 있다. 장기지향성은 시선이 미래에 중점을 두고 바라보고 있는 것을 의미하고, 단기지향성은 시선을 과거와 현재, 특히 현재에 중점을 두고 있는 것을 의미한다. 장기지향적인 문화권의 사람들은 미래를 위해 현재를 희생하는 것을 당연하게 받아들이는 경향이 있으나, 단기지향적인 문화권에서는 현재에 충실하며, 미래를 위해 현재를 희생하려고 하지 않는다.

장기지향성이 높은 문화권에서는 사회의 안정과 질서 그리고 중장기적인 목표들을 중요하게 생각한다. 반면에 단기지향성이 높은 문화권에서는 단기적인 결과를 더 중시하여, 불확실한 미래이익보다 확실한 단기 이익을 추구하는 경향이 강하다.

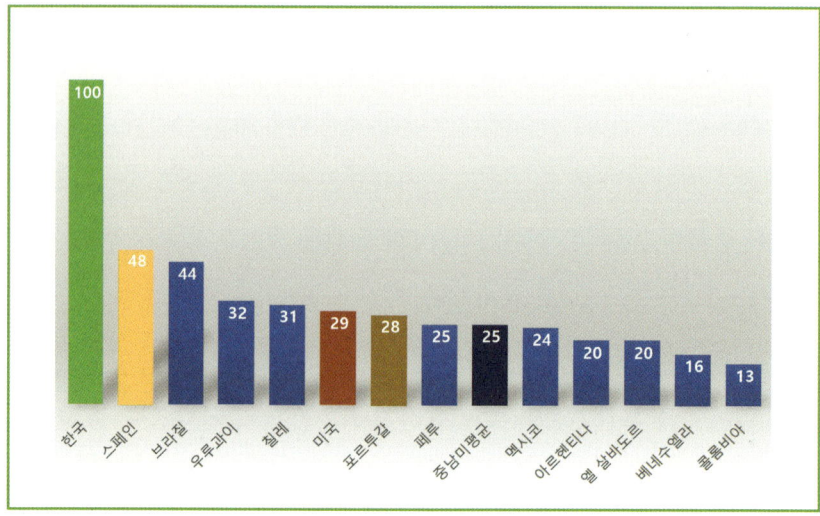

출처: https://www.hofstede-insights.com

 이 지표의 경우 조사가 이루어진 전세계적인 평균 장기-단기지향성 문화권 성향과 중남미 지역에서의 성향이 잘 맞지 않아 보이는 부분이 있다. 이는 다른 차원에서 이 단기지향 성향에 영향을 주는 것으로 보인다.

· 장기지향성과 단기지향성의 사회적 성향 비교

단기지향성이 강한 사회	장기지향성이 강한 사회
주요 업무 가치: 자유, 권리, 성취, 자기훈련	주요 업무 가치: 학습, 정직, 적응력, 책임감, 자제력
여가시간 중요	여가 시간 덜 중요
결과 중요	관계와 시장 위치 중요
올해 이익 중요	10년 후 이익의 중요성
관리자와 근로자 심리적 구분	관리자(오너)와 근로자는 동일한 열망 공유
* 능력주의, 능력에 따른 보상	광범위한 사회적, 경제적 차이를 바람직하지 않게 여김
개인적인 충성도는 비즈니스 요구에 따라 다름	* 평생 개인 네트워크에 대한 투자(꽌시)
진리를 소유하는 것에 대한 관심	덕의 요구를 존중하는 것에 대한 관심
* 선과 악에 대한 절대적 믿음	선과 악은 상대적이라는 믿음
* A가 참이면 반대 B는 거짓이어야 함	A가 참이면 반대 B도 참일 수 있음
추상적 합리성을 우선	상식이 우선
* 인지적 일관성 필요	불일치는 해를 끼치지 않음
* 분석적 사고	종합적 사고
사회적 및 지위 의무에 대한 관심	목적을 위해 자신을 복종시키려는 의지
'얼굴(체면)'에 대한 고민	수치심 갖기
전통에 대한 존중	상황 존중

출처: Culture and Organizations (Hofstede)

다른 지표에 비해서, 이 지표의 전세계 평균적인 성향 분류와 중남미의 일반적인 모습과는 차이가 있어서 몇 가지 언급하고자 한다. 그 부분은 비교표에서 별표(*)로 표시하였다. 첫 번째,'능력주의'인데, 중남미는 불평등구조 고착화로 인해 소속집단에 따라 직책과 지위가 부여되며, 능력에 따른 보상이 없다고는 할 수 없지만, 희박한 편이다. 이는 높은 권력거리의 영향이라고 보인다. 두 번째는, 단기지향성이 강한 문화권에서 일반적으로 나타나는 '선과 악에 대한 절대적 믿음'과 'A가 참이면 반대 B는 거짓이어야 함' 그리고, '일관성', '분석적 사고'가 라틴 사회에서는 다른 양상을 보인다는 것이다. 중남미에서는 모순적인 상황에 대해서도 그대로 받아들이는 성향이 강하다. 'A가 참이면 반대 B도 참일 수 있다.'고 믿는 것 같다. 필자가 이전에 멕시코에서 어학연수를 했을 때, 전통문화 시간에 '죽은 자의 날'에 대해서 토론을 하였다. 뒤에서 자세히 설명하겠지만, '죽은 자의 날'은 매우 중요한 명절과 같다. 이때는 죽은 사람의 영혼이 다시 이승으로 찾아온다고 믿는다. 그런데, 이 전통이 카톨릭 전통이라고 한다. 그래서 교수님께 물었다. "카톨릭은 죽으면 영혼이 천국, 지옥 또는 연옥에 간다고 하고, 다시 이승으로 돌아오지 않는다고 하는데, 왜 이 전통이 카톨릭 전통이라고 하나요?" 그러자, 교리상 모순이 되는 것 같지만, 중남미 사람들은 카톨릭의 교리를 믿으면서도, 조상의 영혼이 가족을 다시 방문하는 것을 믿는다고 답을 하셨다. 이와 같이, 뭔가 들어맞지 않는 듯한 상황에 대해서도 그럴 수 있다고 생각하고 받아들이는 것 같다.

- 인간관계에서 갑질은 No!!

중남미는 단기지향성이 크고 이는 인간관계에도 우리와 다른 모습을 보인다. 인간관계에서 사회적 지위의 영향이 적다는 것은, 소속 조직 내의 위계질서에서의 관계를 의미하는 것이 아니다. 예를 들어, 우리나라에서는 갑과 을로 보이는 관계에서의 수평성을 말한다. (고객과 점원, 손님과 종업원) 우리는 고객을 왕처럼 대하는 것이 당연한 것처럼 받아들여지지만 중남미는 다르다. 이들은 외부 집단의 사람들 사이에서는 수평성을 지향한다. 고객과 점원은 수평적이고 식당 손님과 웨이터도 마찬가지이다. 이들의 서비스가 맘에 들지 않아 불만을 표시하면 서비스가 더 나빠질 수 있다. 인터넷이나 전화설치 같은 것도 서비스 센터 직원에게 빨리빨리 해달라고 보채면 더 늦어질 수도 있다. 우리나라 입장에선 이해되지 않아도, 그냥 '좀 급한데, 빨리 해주실 수 있을까요?'하면서 예의를 갖춰 말하는 것이 효과적인 방법이다. 특히, 공공기관에서 여러 행정절차를 진행할 때 불만이 있거나 일이 잘 진행되지 않아도, 담당 공무원에게 항의한들 역효과가 나기만 하니, 평소 안부라도 물으면서 친분을 쌓아두고 항상 웃으면서 부탁하는 것이 좋다.

단, 소속 조직 내의 상하관계라고 하더라도, 여전히 소리를 지르거나 타 직원들 앞에서 모욕을 주는 갑질은 허용되지 않는다.

- 타인의 여가시간을 존중해야 한다.

중남미에서는 여가시간을 중요시한다. 회사에서도 야근은 거의 하지 않는다. 물론, 중요한 일이 있을 때는 야근이 필요할 때도 있지만, 야근을 당연시하는 문화는 없다. 퇴근 후에는 가족과 함께 취미생활을 하는 등의 시간을 보낸다.

그러므로, 중남미 사업파트너와의 약속은 업무시간 내에, 식사 약속도 조찬이나 오찬으로 하는 것이 바람직하다. 저녁식사나 주말에 만나자고 하는 것은 큰 실례가 될 수 있다. 사실, 지금은 많이 변하고 있지만, 한국에서는 저녁식사를 하면서 업무협의를 하는 것과, 주말에도 골프 등 사업상의 미팅을 당연시 하는 문화가 있다. 하지만, 중남미에서는 다르므로 주의할 필요가 있다. 저녁식사나 주말 미팅은 친분이 많이 쌓여 가족 동반으로 만날 정도가 되면 괜찮다.

· **빠른 결과물을 보여줘야 한다.**

비교표에서도 볼 수 있지만, 중남미에서는 눈에 보이는 결과가 중요하고, 장기 성과보다 1년의 단기 성과를 더 중요시한다. 그래서 중남미에서 민간 사업이든 공공사업이든 빠른 결과물을 보여주어야 한다. 중남미 바이어의 경우 결심을 하기까지는 많은 고민과 검토를 하지만, 일단 결정을 하면 상당히 빠른 속도로 일처리를 하기도 한다. 프로젝트의 특성상 장기투자가 필요한 경우에는, 중간중간 절차별 목표 달성 결과를 보여주면서 사업을 진행할 필요가 있다.

· **수평적 호혜성 중시**

인간관계에서 호혜성은 남을 존중하는 만큼, 나도 존중받을 수 있다는 것이다. 우리나라 속담에도 '가는 말이 고와야 오는 말이 곱다.'라는 말이 있다. 그런데, 장기지향적인 우리나라에서는 수직적 관계에서 호혜성이 깨지는 경우가 자주 있다. 부당하거나 기분 나쁜 일을 당해도, 미래의 관계를 생각해서, 현재에 이를 잘 드러내지 않거나 참아낸다.

장기지향성이 낮은 (단기지향성이 큰) 중남미에서는 '지금'이 중요하다. 지금 잘 이야기하고, 지금의 관계를 잘 이끌어가야 한다. 바이어와의 관계라면, 관계가 항상 현재형이 되도록 자주 연락하고 안부 묻고 친구가 되도록 노력해야 한다. 한 조직 내의 관계라면 내가 잘 하는 만큼, 나에게 잘 할 것이라 생각하고 대하며, 상하관계라고 하더라도 존중하는 자세를 항상 유지한다. 예전의 우리나라처럼 감정의 골이 쌓인 후, 술 한잔 먹고 풀어지는 일은 잘 일어나지 않는다.

- **저축보다 소비**

단기지향적인 중남미는 저축률이 낮은 편이다. 그 원인에 대한 여러 연구에서는 높은 정치적 불안정이 공공저축을 감소시키고, 공공저축 감소가 민간저축 감소를 견인하는 것으로 알려졌다. 그러나 문화적인 요소도 큰 영향을 미치는데, 오늘 벌어 오늘 쓰고 지금 즐길 수 있는 여가를 미루지 않는다. 어찌 보면 이런 성향이 한국기업의 현지 소비시장 진출 가능성을 높이는 요인이 될 수 있을지 모른다.

6) 관대함과 절제(Indulgence Vs. Restraint; IVR)

· **지표의 기본개념 및 국가별 비교**

'관대함'이란 인간의 필요와 욕망의 만족을 가치 있게 여겨, 삶을 누리고 향유하는 기본적이고 자연스러운 인간의 욕구를 자유롭게 만족시키는 것을 상대적으로 더 인정하는 경향을 나타낸다. 반면 '절제'는 개인의 만족이 사회적 규범에 의해 억제되고 규제될 필요가 있다는 확신을 반영하는 것이다. 관대함에서의 욕망의 충족은 일반적인 의미의 욕망을 충족시키는 것을 의미하는 것이 아니라, 삶을 누리고 향유하는 것에 가치를 둔다는 것이다. '관대함'과 '절제'라는 척도는 행복을 주제로 한 연구를 위해서 가장 최근인 2010년에 추가되었고, IVR로 표시한다. 이미 번역 용어가 통일된 다른 척도와 달리 동 척도는 '관용과 규율', '응석과 절제'등 다양하게 번역이 되고 있다. 필자는 '관대함과 절제'로 번역을 하였다. IVR척도는 개인의 본능과 욕구를 충족하는 것을 사회적으로 어느 정도까지 용인하는지를 측정한 것으로, 0부터 100사이에서 숫자가 높을수록 관대함이 높은 나라이고, 낮을수록 절제가 강한 사회이다. 보통 연구자에 따라서 40 또는 50을 기준으로 관대한 사회인지 절제하는 사회인지로 나누는데 절대적인 기준은 없다. 동 척도는 상대적인 지표이기 때문에 내가 속한 사회와 다른 사회, 그리고 다른 사회들 간의 상대적 차이를 보면서 판단해 보는 것이 좋다.

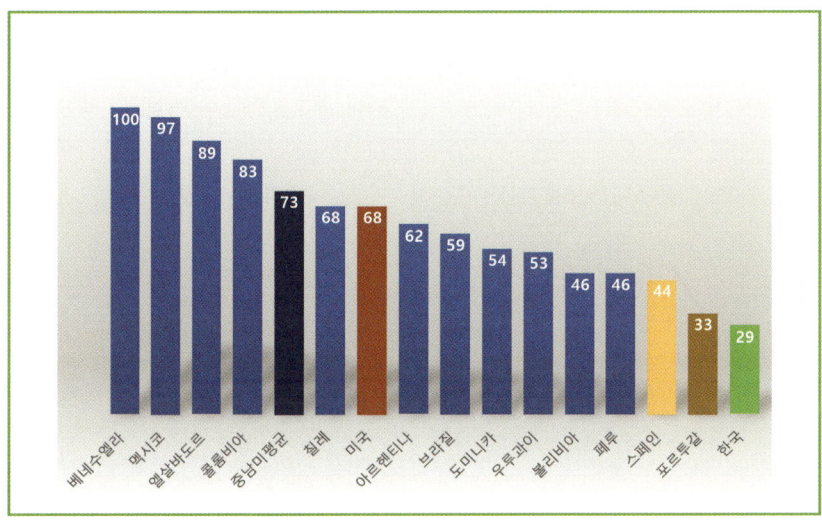

출처: https://www.hofstede-insights.com

　우리나라는 관대함-절제지수가 상당히 낮은 국가이다. 우리보다 낮은 나라는, 인도(26), 중국(24), 러시아(20), 이집트(4) 등으로 중동/인도와 같이 종교의 사회적인 영향력이 큰 나라들이나, 구공산권 국가들이 낮은 점수를 보이고 있다. 중남미 평균은 우리나라의 2배가 훨씬 넘는 73점이며, 베네수엘라와 멕시코는 세계적으로도 최상위권에 있다. 중남미 내에서도 페루와 베네수엘라의 차이를 보면 2배 이상 점수 차이가 나고 있다. 즉, 중남미 국가들 간에도 이런 차이를 유념해서 접근해야 한다는 것이다.

· 관대한 사회와 절제된 사회의 비교

관대한 사회	절제된 사회
행복하다고 느끼는 사람들의 비율이 높음	행복하다고 느끼는 사람들의 비율이 낮음
개인의 삶에 대한 통제 의식	개인의 삶에 대한 무력감
여가의 중요성	여가의 중요성 덜함 (일 중심)
친구를 갖는 것을 중시함	친구를 갖는 것이 덜 중요함
절약에 중요시하지 않음	절약 중시
느슨한 사회	엄격한 사회
긍정적인 감정을 더 잘 기억함	긍정적인 감정에 대한 기억 적음
도덕 규율 덜 엄격(성윤리 포함)	도덕 규율 엄격(성윤리 포함)
긍정적인 태도	냉소
외향적인 성격	비교적 신경질적 성격
스스로 건강하다고 느끼는 사람들의 비율이 더 높음	스스로 건강하다고 느끼는 사람들의 비율이 낮음
낙관주의	비관주의
심혈관 질환 사망률 감소	심혈관 질환 사망률 증가

출처: Culture and Organizations (Hofstede)

홉스테드는 연구를 통해서 관대한 사회와 절제하는 사회 간의 특징적인 차이를 구분하였다. 이 지표는 경제적 수준과 행복지수간의 양의 상관관계를 보이지 않는 것의 원인을 찾기 위해 설계되었다. '왜 가난한 필리핀 사람(IVR 42)들이 부유한 홍콩 사람(IVR 17)들 보다 더 스스로 행복하게 느낄까?' 라는 문제의식에서 시작했다고 한다.

이 차이점을 중남미와 한국과 비교해보면 거의 비슷하게 설명이 되는 것을 알 수 있다. 여기서 중남미에 대해서 몇가지 부연 설명을 하고자 한다. 중남미 사람들은 스스로 행복하다고 느끼고 산다. 행복을 느끼는 것에는 두 가지 요소가 있다. 행복할 조건이 많은 경우와 행복에 민감한 경우이다. 이들은 행복을 느끼는데 민감한 것 같다. 이전에 직장을 잃게 되었을 때, 중남미 친구와 이야기 한 적이 있었다. 내가 행복하지 않다고 하니, 그 친구는 나에게 물어봤다. 건강하니? 사랑하는 가족과 친구가 있니? 좋아하는 취미가 있니? 등등... 내 답은 '나는 건강하고, 사랑하는 가족과 친구가 있고, 취미 생활도 한다.'였다. '그럼 행복해야지.'라고 말해주었다. 직장이 없는 것은 잠깐이고 그것이 다른 행복을 가져가는 것이 아니라고 이야기하는데 '아 그렇구나.'라고 동의하고 말았다.

'개인의 삶에 대한 통제' 부분은, 좀 고민이 되었던 부분이다. 권력거리가 높은 곳임에도 그들은 개인의 삶에 대한 통제를 하고 있다고 생각한다. 중남미 친구들은 이미 주어진 것은 상수로 받아들이고, 그 외에 스스로 선택할 수 있는 것들에 집중한다.

여가를 중시한다. 억지로 초과근무하면서 돈을 더 벌기 보다는 가족과 또는 혼자만의 여가 시간을 갖는 것을 선호한다.

친구를 갖는 것을 중시한다. 그런데, 여기서 중요한 것은 친구의 의미이다. 한국에서 말하는 업무상 도움이 될 만한 인맥을 말하지 않는다. 중남미 사람들은 처음 만나서 친해지면 아미고(친구, Amigo)하면서 다가온다. 그러나 이는 진짜 친구라는 의미가 아니다. '너와 친구가 되고 싶다. 그럴 기회를 주겠다.'라는 의미가 맞을 것이다. 실제 그들의 친구가 되는 사람은 많지 않다. 우리가 그들을 친구보다는 사업 파트너 정도로 생각하기 때문이다.

· **밝게 웃으며 활기찬 모습으로**

중남미 사람들은 보통(국가별로 지역별로 편차는 있지만) 낙천적이고 외향적인 편이다. 그리고 비즈니스 미팅을 할 때도 웃으면서 우호적으로 다가간다. 이때 우리도 미소로 대하고, 처음에는 약간 적응이 어렵지만 감정을 오버해서 표현해도 좋다. 웃는 것은 사실 미리 연습하지 않으면 어렵다. 한국 사람이 겉으로는 무뚝뚝하더라도 속으로는 따뜻한 사람이 많은데, 그것을 드러내는 것이 좋다. 감정을 겉으로 드러내지 않으면 상대는 특히 문화권이 다른 상대는 잘 모를 수 있기 때문이다.

예를 들어, 마케팅 자료로 PT나 동영상 자료를 사용한다고 할 때 밝은 이미지에, 사진에 들어갈 사람들도 미소나 웃음을 짓는 사람들을 넣는 것이 좋다. 그리고 회사소개 또는 광고 동영상의 경우, 우리가 볼 때는 과할 정도로 활기찬 나레이션을 해야 한다. 우리나라는 차분하고 낮은 톤의 목소리가 신뢰를 준다고 하여, 나레이션이 정적이지만, 중남미에서는 웃으면서 확신에 찬 듯한 높은 톤으로 하는 것이 좋다.

관대함-절제와 장기지향 지표간의 관계

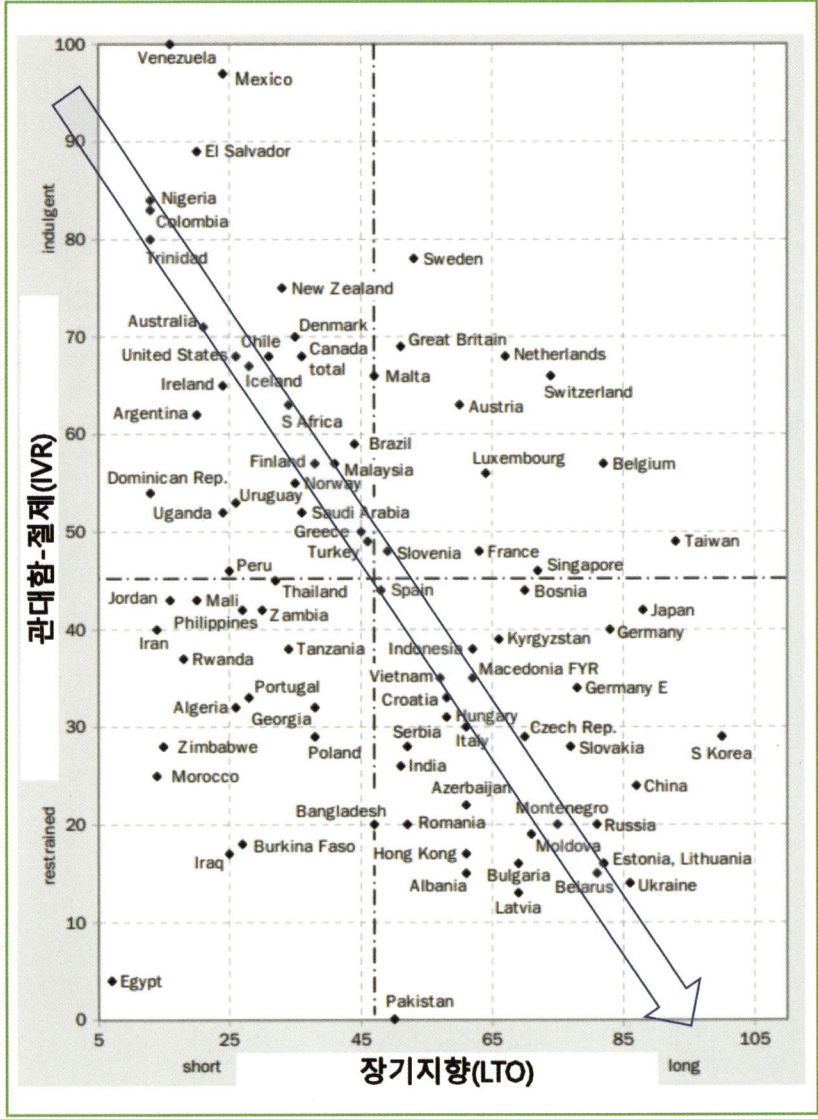

출처: Culture and Organizations (Hofstede)
음의 상관관계를 보인다.

3. 다양한 문화적 차원 분석

· 생선보다 고기, 독주보다 맥주

 조사를 하는 가운데 재미있는 사실을 발견했는데, 관대함이 높은 사회일수록 생선보다 고기 소비가 많고, 맥주와 음료수 소비가 더 높다는 사실이다. 관대함이 높은 국가에서는 식사에서도 정크푸드 섭취량이 많아서 비만비율도 높게 나타났다.

 2022년 1월 경제협력개발기구(OECD)에 따르면, 회원국 중 비만율 1위는 미국(40%)이고, 다음 2위, 3위를 멕시코(36.1%)와 칠레(34.4%)가 차지했다고 한다. 이들 국가들은 관대함과 절제지수(IVR)가 높은 편에 속한다. 참고로, 이 지수가 낮은 한국 성인의 비만율은 5.9%였다.

4. 중남미 기업인들의 사업상 우선순위

세계 기업인들의 사업상 우선순위에 대한 연구

홉스테드와 동료 연구자들은 지역별 기업인들의 소유권과 통제권에 대한 연구를 하였다. 문화차원에 따라서 재미있는 결과도 나타났다. 개인주의(IDV)성향이 강한 지역에서는 기업 지분의 분산율이 높게 나타났다. 집단주의가 강할수록 오너와 가족들에 대한 지분 집중도가 높아졌다고 한다. 반면, 개인주의 성향이 클수록 고용과 해고가 더 자유롭고, 집단주의가 강한 지역에서는 고용은 단순히 노동력을 제공하는 계약관계를 넘는 집단구성원으로 들어가는 것이어서 해고는 부도덕하게 인식되고, 법적으로도 어렵게 해 놓는다. 또한 권력거리(PDI)와 남성성(MAS)이 높을수록 오너와 가족에게 지분은 물론이고 기업 내 통제권이 집중된다고 한다. 또한, 기업의 이윤창출 외에도 자산가치, 주주가치 극대화, 독립성 등 문화권별로 다양한 기업의 우선순위가 있다고 한다.

홉스테드는 이러한 문화권별 기업 우선순위를 조사하기 위해 17개국의 직장경험이 있는 1,800명 이상의 MBA 학생을 대상으로 설문을 실시했다. 설문조사를 통해서 15개의 사업목표에 대한 우선순위를 물어보고, 이에 대한 17개국 평균 우선순위를 발표했다. 1위부터 5위까지의 최고 우선순위 사업목표는 사업의 성장, 사업의 지속성, 올해의 이익, 개인의 부, 권력으로 나타났다.

중간 우선순위로는 명예, 체면, 평판과 함께 새로운 것의 창조, 10년 후의 이익, 법준수, 피고용인에 대한 책임을 다음 우선순위로 답하였다. 마지막

17개국 MBA학생들의 15개의 잠재적 사업목표 우선순위

Top FIVE
1. 사업의 성장
2. 사업의 지속성
3. 올해의 이익
4. 개인의 부
5. 권력

Middle Five
6. 명예, 체면, 평판
7. 새로운 것의 창조
8. 10년 후의 이익
9. 법준수
10. 피고용인에 대한 책임

Bottom Five
11. 윤리규범준수
12. 사회에 대한 책임
13. 개척 모험정신
14. 애국심과 국가 자긍심
15. 가족의 이익

출처: Culture and Organizations (Hofstede).

으로 가장 우선순위 후순위 목표는, 윤리규범준수, 사회에 대한 책임, 개척 및 모험정신, 애국심 및 국가 자긍심, 가족의 이익으로 나타났다. 이중 '개척 및 모험정신'에 대해서 원서에서는 'Game and gambling spirit'으로 되어있고, 한국에서는 '게임 및 도박정신'으로 번역이 되어있다. 그러나 기업인의 사업목표에 대한 조사이기에 필자는 '개척 및 모험정신'으로 번역을 하였다. 또한, '가족의 이익'을 언급하면서, 예를 든 것이 친척에 대한 일자리 제공이었다.

국가별 사업목표 우선순위 비교 (중남미-브라질 중심으로)

위의 내용은 17개국 평균 사업상 우선순위였다. 지역별로는 차이가 있는데, 목표지역 기업인들의 사업상 우선순위를 아는 것은 향후 개별 협력방안을 찾는데 큰 도움이 될 것이다. (지역별 비교에 도움이 되기 위해 최우선순위 목표들은 **굵은 글씨**로, 중간순위는 보통글씨로, 하위 목표들은 *파랑색 기울인 글씨*로 표시하였다.)

이 책에서는 브라질, 미국, 중국, 독일, 인도의 5개국의 국가별 우선순위를 구분하였다. 중남미에서는 브라질이 대표국가로 조사에 포함되었다. 이외에도 북미(미국), 유럽(독일), 동북아시아(중국), 서남아시아(인도) 지역 대표국가를 함께 참고하면 좋겠다.

우선 브라질과 중남미 평균 지표를 비교해보면, 권력거리(PDI), 남성성(MAS), 불확실성회피(UAI)성향은 중남미 평균과 비교적 편차가 크지 않은 편이다. 상대적으로 중남미 평균과 편차가 있는 개인주의(IDV), 장기지향성(LTO), 관대함vs절제(IVR)지표의 수치를 보면, 집단주의, 단기지향, 관대함이 큰 문화권으로 분류할 수 있다. 또한, 브라질도 고맥락(HC)에 다중시간(Polychronic) 문화권이다. 전반적으로 브라질 지표의 방향성은 중남미 평균과 일치하고 있어, 지역 대표성을 가진다고 간주해도 문제없을 것으로 보인다. 이를 참고로 중남미 기업인들의 우선순위를 가늠해 볼 수 있을 것이다.

브라질	
Top Five	Bottom Five
개척 모험정신 **권력** **올해의 이익** **사업의 지속성** *가족의 이익*	*애국심, 국가 자긍심* 새로운 것의 창조 *사회에 대한 책임* 10년 후의 이익 피고용인에 대한 책임

미국	
Top Five	Bottom Five
사업의 성장 *윤리규범 준수* **개인의 부** **올해의 이익** **권력**	10년 후의 이익 피고용인에 대한 책임 *가족의 이익* 새로운 것의 창조 **사업의 지속성**

중국	
Top Five	Bottom Five
윤리규범 준수 *애국심, 국가 자긍심* **권력** 명예, 체면, 평판 *사회에 대한 책임*	*가족의 이익* *개척 모험정신* **올해의 이익** **개인의 부** 법준수

독일	
Top Five	Bottom Five
사회에 대한 책임 피고용인에 대한 책임 새로운 것의 창조 10년 후의 이익 *윤리규범 준수*	**권력** *애국심, 국가 자긍심* **개인의 부** **사업의 성장** **올해의 이익**

인도	
Top Five	Bottom Five
사업의 지속성 *애국심, 국가 자긍심* **권력** **사업의 성장** 10년 후의 이익	*가족의 이익* 법준수 *개척 모험정신* **올해의 이익** *윤리규범 준수*

출처: Culture and Organizations (Hofstede)

브라질과 중남미평균 지표 비교

	브라질	중남미 평균	한국
개인주의(IDV)	38	21	18
권력거리(PDI)	69	70	60
남성성(MAS)	49	48	39
불확실성회피(UAI)	76	85	85
장기기향성(LTO)	44	25	100
관대함vs절제(IVR)	59	73	29

출처: https://www.hofstede-insights.com

  브라질 기업인들이 중요시하는 사업목표 Top Five중 3가지(권력, 사업의 지속성, 올해의 이익)는 세계 평균과 같다. 그런데 재미있는 것은 평균적으로 가장 덜 중요하다고 여긴 지표인 '개척 모험정신'과 '가족의 이익'이 중요지표에 들어간 것이다.

  개척 모험정신은 사업상의 불확실한 상황은 싫어하지만, 위험한 상황이라도 확률적으로 불확실성이 제거되면 시도를 하는 것을 중시한다고 해석해 본다. 이해를 돕기 위해 예를 든다면, 마약관련 조직의 경우 적발 시의 위험이 크지만, 반대로 이익도 크다. 이때, 이를 확률적으로 계산을 하여, 위험보다 이익이 크면 이를 불확실성이 제거된 것으로 보고 시도를 하는 것이다.

  가족의 이익은 중남미 기업인들이 우선하는 사업목표이다. 가족을 부양하고 가족의 일자리를 만들고 가족을 지키는 것을 당연시 한다. 그래서 기업에서 오너가족의 지분을 높은 비율로 유지하고 가족에게 중요 직책을 맡긴다.

 이들은 올해의 이익은 중시하나, 10년 후의 이익에는 큰 관심을 두지 않는다. 사회적인 불안이 지속되는 상황에서 단기적인 목표에 집중하면서, 장기적인 비전과 계획수립에는 부족한 면이 있다. 중남미 기업이나 정부와 사업을 할 때, 현실성있는 단기 목표를 공유하고 추진하는 것이 필요할 것이다. 이렇게 하면 도리어 우리가 장기 방향성에 주도권을 가져갈 수도 있다.

 이외에 다른 국가들도 참고하면 좋을 것 같다. 흥미롭게도 독일은 다른 지역과는 전혀 다른 양상을 보여주고 있다.

VENEZUELA
PANAMA
Panama City
Medellín
Bogotá
COLOMBIA
Popayán
Pasto
ECUADOR
Manta
Ambato
Chimborazo
6310
Guayaquil
Cuenca
Iquitos
Amazon
Amazonas
Manaus
Roraima
Piura
Moyobamba
Cajamarca
Cruzeiro do Sul
Acre
Chiclayo
Trujillo
Nevado de Huascarán
6768
Pucallpa
Chimbote
Huaráz
PERU
Callao
Lima
Huancayo
Ayacucho
Ica
Cobija
Maldonado
Paz

라틴 커뮤니케이션 핵심 사항

3

제 3부. 라틴 커뮤니케이션 핵심 사항

1. 존중 (Respeto)

중남미에서의 존중과 존경

커뮤니케이션에서의 근본적인 요소인 존중(Respeto)은 한국어로 존경과 존중으로 번역한다. 이 두 단어의 차이를 보면 '존경하다'는 남의 인격, 사상, 행위 따위를 받들어 공경하는 것을 의미하며, '존중하다'는 상대를 높이어 귀중하게 대하는 것을 의미한다.

 직장 사장에 대해서나 높은 지위에 있는 사람에 대해서 존경하는 마음이 있다면, 이는 높은 지위가 그 사람의 경력과 노력의 결과라는 인식하에 존경의 마음을 가지게 되는 것이라 할 수 있다. 하지만, 중남미에서는 사장이나 고위직에 대해서는 그런 존경의 마음은 크지 않다. 사회적 성취를 위해서는 노력이 아닌 가문 등의 사회적 배경이 중요한 요소라고 생각하기 때문이다. 어찌 보면 중남미에서는 상사에 대한 감정은 '존중'이지 '존경'의 감정이라 보기 힘들다. 중남미 사람들은 높은 권력거리에 따른 상사에 대한 존중의 자세를 보인다. 이 때문에 직장문화도 수평적이기보다는 수직적 위계질서가 중요시된다. 하지만, 이런 수직적 위계질서에 저항하는 움직임도 적지 않다. 중남미의 강력한 노조활동이 이런 상반된 경향을 함께 보여주고 있다. 아이러니한 것은 노조 지도부가 노조 내에서 가지는 권위 또한 상당히 높고, 관계도 수직적이며 위계질서가 철저하다는 것이다.

 이전 장에서 언급한 단기지향성에서는 인간관계의 호혜성을 중요 요소로 가지고 있다. 직원들도 자신들이 상사를 존중한 만큼 자신들도 존중받기를 기대한다. 이 부분이 한국기업이 현지에 진출해서 가장 실수하는 부분이기도 하다. 현지인 직원은 외국인 상사에 대해서 상당히 존중하는 자세로 대한다. 그런데, 한국인 상사는 자신을 존중하는 자세를 보이는 현지인 직원에 대해서 존중하기보다는 쉽게 함부로 대하는 경우가 적지 않은 것이 안타깝다.

존중을 표시하는 세가지 방법

일단 세 가지라도 명심하면 좋겠다. 첫째, 인사하기이다. 중남미에서는 만날 때와 헤어질 때 인사가 중요하다. 인사 시간이 좀 긴 편인데 인사하고 간단한 안부를 묻고 하루 잘 지내라고 이야기하는 정도는 해야 한다. 가끔씩은 자녀나 가족들이 잘 지내는지 안부를 물어주는 것도 좋다. 중남미는 가족을 중요시하기 때문에 가족의 안부를 물어주는 것을 큰 호의로 받아들인다. 인사할 때 스킨십도 중요한 부분이다. 남자들은 악수와 포옹을 하고, 여성들은 볼키스(besito)와 포옹을 한다. 이성간에도 살짝 포옹하고 볼키스를 한다. 볼키스란 상대방과 짧게 양쪽 볼을 번갈아 대는데 한쪽 볼이 닿을 때마다 입술만으로 '쪽' 소리를 내는 것이다. 이때 입술이 뺨에 닿지 않아야 한다. 현재는 코로나로 인해서 이런 인사방식에 대해서 조심하는 경향이 있다. 대신, 주먹악수나 팔꿈치로 인사하거나, 아예 접촉이 없이 손만 흔드는 경우도 있다. 하지만 현재는 친한 사이에서는 약간 거리를 두고 조심하면서 인사를 한다고 한다.

둘째, 업무지시는 공손히 부탁하듯 해야 한다. 실제로는 업무지시이지만, 도와달라는 식으로 요청을 해야 한다. 중남미 직원들에게 한국식으로 압

출처: Lavanguardia
중남미 볼키스 인사법

박하면서 지시할 경우는 대부분은 원하는 결과가 나오지 않는다. 스페인어를 처음 배우기 시작하시는 분이라면, 상대방을 2인칭 tu(너)라고 부르기 보다는, 3인칭 Usted(당신)으로 부르는 것이 좋다. 사실, 한국인 관리자들이 해외에 파견되어 스페인어가 능숙하지 않을 경우, 영어로 소통을 하거나 한-서어 통역의 도움을 받아 소통을 하는데, 영어를 사용하는 경우 한국 사람이나 중남미 사람이나 영어가 모국어가 아니라서 무례해 보일 수 있는 상황을 그런가보다 하고 받아들이는 편이고, 통역사가 있는 경우 현지 생활을 오래 한 노련한 통역사는 현지인들이 받아들일 수 있는 언어로 소통을 한다. 차라리 이 경우에는 문제가 덜 일어난다. 문제는 한국인 관리자가 문화에 대한 인식이 없이 스페인어를 어느 정도 배운 후에 스페인어로 업무지시와 소통을 시작할 때이다. 이때는 특히, 문제발생시 이를 확인하고 지적해야 할 상황에서는 문화 관점에서 유의하며 대화해야 문제를 키우지 않고 해결할 수 있음을 명심하자.

셋째, 소리 지르지 않기이다. 이 부분은 한국인들이 많이 간과하는 부분이다. 언성이 조금만 높아져도 중남미 사람들은 소리를 지르는 것으로 인식한다. 이들은 소리가 높아지는 것에 대해서 과할 정도로 예민하다. 상대에게 소리 지르는 순간, 관계 단절이라고 간주해도 된다. 특히나, 다른 사람들이 있는 자리에서 소리를 지를 경우, 자신의 잘못이 중요한 것이 아니라, 상사가 자신을 공개적으로 모욕한 것으로 문제가 전환된다. 이전에 언급한 장기지향성 지표에서 단기지향성이 강한 경우 '체면'을 중시한다고 했는데, 이는 다른 사람들 앞에서 상사가 자신을 어떻게 대하는지도 상당히 중요하다.

만약 직원 업무관리상, 직원의 성향과 관계를 파악하여 좋게 이야기해서 해결될 문제는 좋게 이야기하고, 직원의 개선 여지가 안보일 경우에는 문제되는 증거를 수집하고, 경고장(Nota)을 보내는 것이 추후 노동분쟁 대비에도 바람직하다.

2. 경청

어디서나 중요한 경청의 기술

잘 듣는 '경청'은 커뮤니케이션에서 가장 중요하게 여기는 요소 중 하나이다. 특히, 리더의 자리에서는 자신의 이야기나 지시를 하는 데 급급해 타인이나 하급자의 이야기를 듣는 데 깊은 주의를 기울이지 않게 된다. 리더란 타인에게 영향을 주는 관계라고 정의할 때, 우리는 누군가에게는 반드시 리더가 될 것이다.

중남미와 비즈니스를 하는 경우, 우리의 것을 소개할 때는 내가 영향을 주려는 사람이 되고, 해외 법인에 파견가거나 창업을 할 경우, 리더의 역할을 하게 된다. 한국기업이나 공공기관에서 입사한 지 얼마 안 되는 직원이라도 관리자로 파견나가게 되면, 현지인들에게 상사이자 리더가 된다. 여기서 대부분 문제가 발생한다. 문화가 다른 현지인들과 직접 대면하여 일을 처리해야 하는데, 한국에서도 리더십을 경험하거나 배울 기회가 적었거나, 현지인들과의 소통문화를 잘 알지 못하는 경우에는, 현지인들과 문제가 발생한다.

여기에서는 '말그릇'으로 알려진 김윤나 작가가 제시한 기준을 인용하면 좋을 것 같다. 특히, 대화가 안전하게 느껴져야 한다는 관점은 중남미에서도 아주 중요한 개념이다. 여기서 언급된 듣기의 3F 기준이 있다. 첫 번째는, Fact(사실듣기)인데 상대가 말한 내용을 파악하여 정리하며 듣는 것으로, 화자에게 자신이 이해한 것을 물음을 통해 확인받는 것이다. 두 번째는 Feeling(감정듣기)이다. 화자의 감정을 파악하고 말로 표현하며 듣기로, 상대방의 감정을 내가 느끼고 있음을 말로 표현해 주는 것이다. 이것이 사실 어려운 일이다. 아는 만큼 보인다는 말이 있듯이, 자신의 감정을 자세히 들여다본 사람만이 타인의 감정도 이해하고 공감할 수 있다. 세 번째로, Focus(핵심듣기)이다. 이는 말하는 사람이 표현하지는 못했지만, 알아주었으면 하는 속마음이나 핵심 메시지를 발견하며 듣는 것이라고 한다. 이것이 어려운 것은 숨겨져 있기 때문이다. 한국 사람들 간에는 그래도 동일 문화와 언어를 가지고 있어서 어느 정도 화자가 말하고자 하는 핵심을 찾을 수 있지만, 문화와 소통방식이 다른 중남미 사람들과는 훨씬 더 어렵다.

경청의 기본

경청을 위한 기본은, 상대가 우리에게 솔직하게 이야기 할 수 있도록 여건을 마련해 주어야 한다는 것이다. 라틴 사람들은 상대가 불편할 수 있는 말은 의도적으로 피하려는 습관이 배어 있는 사람들이다. 그들은 이런 태도를 상대에 대한 배려라고 생각을 한다.

이것이 회사에서는 어떻게 드러날까? 일단 현지인 직원들과 업무회의 후 과업지시를 하는데, 그때는 이해한 것처럼 고개를 끄덕이고 추가 질문도 (서로의 눈치를 보면서) 별로 없다. 그러나 이후에 보면 많은 직원들이 잘 이해하지 못하거나, 이해했더라도 물리적으로 불가능하여 기한을 맞추지 못하는 일들이 허다했다. 가끔씩은 필자가 잘못 지시하는 경우도 있었는데, 그럼에도 이의를 제기하거나 반대질문을 하는 직원이 없었다. 아마도 이들은 그것이 상사에 대한 존중의 표시였을 것이라 생각된다. 내가 위에서 언급한 것처럼, 상사가 부하 직원을 다른 사람들이 보는 앞에서 지적하면 그것에 대해서 크게 자존심 상해하는 것처럼, 부하직원들도 상사에게 이의를 제기하는 것에 대해서 어려움이 있을 것이다.

이것은 회사 내부에서 뿐 아니라, 타 기업과의 관계에서도 일어날 수 있는 일들이다.

업무지시/협의내용 확인하기

회사 내에서 업무지시를 하거나, 다른 회사와 협의를 할 경우 반드시 서로 간에 동일하게 이해하고 있는지 확인해야 한다. 회사 내에서는 회의록을 작성하여 회람을 하고, 타 회사에는 협의내용을 정리하여 메일로 공유한다.

사실 회사 내에서 회람을 하더라도 온전한 이해를 위해서 자주 물어보는 것이 필요하다. 필자가 근무할 때 직원들에게 회사의 핵심성과지표(KPI)를 설명하고 이에 대한 달성 조건들에 대해서 설명을 하였다. 하지만, 한 번에 모두가 이를 이해한 것은 아니었다. 필자가 설명하고, 이해한 사람이 다른 직원들에게 설명하게 하고, 그것이 맞으면 이해하지 못했던 동료에게 필자가 없는 곳에서 설명하게 하였다. 이후에 한명씩 불러서 지시내용과 진도를 확인하였다. 이렇게 하니 3개월 만에 모든 직원이 회사의 KPI를 숙지하고, 자신이 담당하지 않는 업무라도, 목표 달성에 도움이 될 만한 정보가 있을 경우 서로 공유하여 좋은 성과를 낼 수 있었다. 회사는 일정 싸이클이 반복되기 때문에 초기에 어렵더라도 핵심성과지표(KPI)를 확실하게 숙지시키는 것이 필요하다.

다른 의견 말할 수 있는 분위기 조성하기

중남미 사람들의 진짜 속내를 알기 위해서는 시간이 필요하다. 상하관계에 있어서는 자신의 솔직함이 받아들여질 수 있는 심리적 '안전함'을 느낄 수 있도록 신경 써야 한다. 이건 얼마나 시간이 걸릴지 알 수 없다. 필자의 경우에도 6개월에서 1년 정도 걸렸던 것 같다. 창의적인 아이디어 발굴을 위한 회의 기법인 브레인스토밍(Brainstorming)의 기본 규칙 중, 비판/비난 자제, 특이한 아이디어 환영의 규칙을 평소 회의와 대화에 적용해 본다.

이렇게 시간이 지나다보면, 마음을 열고 다른 의견이나 자신의 생각 말하기를 시도하는 직원이 생긴다. 이때가, 가장 중요한데 의견이 정말 부적절한 것만 아니면, 받아주고 실행하도록 격려해보는 것이 좋다. 의견을 낸다는 것은 어떤 사안에 대하여 내부적으로 소통이 이루어져 사업에 대한 아이디어가 잡혀있다는 의미이니 바람직하다고 할 수 있다. 단, 그 의견대로 작동하지 않을 경우를 대비하여 항상 Plan B를 가지고 있어야 한다. 직원의 의견이 맞게 되었을 경우 격려해주고, 의견과 다른 결과가 나왔다고 해도 절대 책임을 미루지 않는다. 이런 식으로 몇 번의 경험이 쌓이면, 직원들도 자신의 의견이 완벽하지 않아도 이야기할 수 있는 '안전함'을 느끼게 된다. 이때부터 소통이 시작된다고 볼 수 있다.

칭찬 연습하기

보통 리더십의 강의에서는 칭찬과 지적의 적정 비율은 5:1 이라고 한다. 칭찬의 효과는 어디에서나 작동한다. 동기부여를 위해서 칭찬만큼 좋은 방법은 찾기 어렵다. 잘 하기만 한다면 말이다.

 중남미에서 기업이나 공공기관에서 일하시는 분들 중 현지인에게 칭찬을 많이, 그리고 잘하는 한국인 관리자는 만나기 쉽지 않다. 문화적 차이로 인해, 한국과 비교하다보면 칭찬보다는 지적을 하면서 자신에게 익숙한 방식으로 이끌고 싶기 때문인 것 같다.

 사실 칭찬을 한다는 것은, 그냥 입에 발린 이야기를 하는 것도 아니고, 못한 것을 잘했다고 하는 것은 더더욱 아니다. 타인에 대한 관심으로 장점과 강점을 파악하고 그에 대한 노력의 결과를 인정하는 것이다. 칭찬은 업무 수행에 있어 가이드라인을 제공하며 다른 직원들에게도 시그널을 주는 효과가 있다. 장점을 파악하지 못하고 노력의 방향이 잘못되었을 때 하는 칭찬은 도리어 독약이 된다. 그리고 직원들 중에는 자신의 장점이나 강점을 잘 모르는 경우도 있다. 이때는 어떤 강점이나 노력이 어떤 구체적인 기여를 했는지를 함께 언급하면서 칭찬하면, 격려도 되고 장점을 더욱 개발할 동기부여도 된다.

 바른 칭찬을 위해서는 한국의 문화적 시각이 아닌, 현지의 문화적 관점을 이해하고, 상대에게 관심을 가지는 것이 기본이다. 관심을 가지고 강점을 파악하는 것이 인사관리의 기본으로, 좋은 자원을 볼 줄 몰라 잘못 관리하는 우를 범하지 않았으면 한다.

 단, 칭찬은 말로 하는 것이 좋다. 글로 남기면 이후에 만에 하나 직원이 변하거나 큰 잘못으로 징계나 해고를 해야 할 상황이 되었을 때, 그 칭찬의 글이 징계나 해고를 피해나가는 근거로 사용될 수 있기 때문이다.

 '지적'은 잘못을 찾아내어 혼내는 것이 목적이 아니라, 약점이나 보완해야 할 부분이 무언지를 파악해서 이후에는 더 잘 할 수 있도록 돕는데 목적이 있다. 우리나라에서도 그렇지만 자기 일을 잘 못하는 사람들이 혼내기만 하고 일을 잘 알려주지 못하는 경우도 많다. 지적을 한 후에는 해결 방안을 함께 고민하고 이야기해 주는 것이 좋다.

자신의 감정 알기

2018년 방영된 '나의 아저씨'라는 드라마가 있다. 셋째 아들인 박기훈(송새벽 분)은 영화감독 출신으로 나온다. 그는 자신이 아끼는 배우 최유라를 찾아가서, 자신과 10년 전 작품을 같이 했을 때, 촬영을 시작하자 자신의 작품이 망할 것이라는 느낌이 들었지만, 사람들이 '천재'라 불러주는데 여기서 포기하기는 싫고, 작품을 완성하여 망한 후에는 재기도 힘든 상황이라는 것 때문에, 희생양을 찾아 주연 배우가 연기를 못해서 영화가 잘 안되었다고 하려고 최유라를 더 힘들게 했다고 고백한다.

이런 일들이 자주 일어난다. 특히, 중남미에서는 더 자주 일어난다. 한국인의 입장에서는 문화적인 차이를 배제한 체, 겉으로 드러나는 시간관의 차이, 정치적 불안, 관료제, 부패, 치안, 인프라 부족 등 핑계 거리들이 너무 많다. 물론, 이런 문제들이 사업 추진을 어렵게 하는 것도 있지만, 이것이 전부가 아니다.

중남미와 소통에 있어서 그 목적이 무엇이든 우리 속에 있는 부정적 선입관을 문제의 원인으로 돌려버리지 말자. 어차피 다른 문화권의 사람들과 함께 하는 일이니, 차이들을 최소화하고 이해해서 같은 목적을 가지고 가도록 하면 좋겠다.

의견이나 제안 - 부분적으로라도 활용하고 언급하기

자신의 의견을 말할 수 있는 분위기가 형성되면, 여러 사람들의 의견과 제안을 관심 있게 들어보고 활용한다. 여러 의견이 있지만 그중에 채택되는 것은 소수이다. 그러나 다른 의견이나 제안을 모두 버리는 것이 아니라, 필요한 내용을 찾아서 인용을 하고, 그것에 대해서 언급을 해주는 것이 좋다. 지속적으로 동기유발되어 새로운 아이디어를 낼 수 있게 된다.

마케팅 실패사례 - 소통의 문제

해외 마케팅 실패사례로 그리고 현지화 언어 번역의 실패 사례로 자주 언급되는 것들이 있다.

75년 GM 시보레(Chevrolet)는 NOVA라는 모델명으로 신차를 출시하였다. NOVA는 라틴어로 '새로운'이라는 의미이다. 그런데, 스페인어에서 새롭다는 뜻의 단어는 Nuevo(누에보)이고, Nova를 No va (Not Going)로 읽으면, '가지 않는다'라는 의미이다. 이 명칭 때문에 판매 실적이 저조했다는 증거는 없다. 신차로 인기 있게 판매는 되었는데, GM에서 브랜드명의 문제점을 인식하고 모델명을 Caribe(카리브)로 바꾸고 나서, 판매실적이 급상승했다고 한다. 또 다른 브랜드명으로 비슷한 사건이 발생한 차량 모델명은 Ford사의 Comet Caliente(깔리엔떼, Hot)이다. 깔리엔떼(Caliente)는 뜨겁다는 뜻이다. 그런데 이 단어가 멕시코에서는 성매매 여성을 의미하는 은어이다. 만약, 다른 제품이었으면, 문제가 되지 않았을 수도 있지만, 스포츠카에 붙여진 이름이다보니 부정적인 뉘앙스로 받아들여졌다.

또 다른 사례는 아메리칸 항공(American Airline)의 마케팅 홍보 문구이다. 위 항공사는 타 항공사와 차별화를 위해, 의자 커버를 가죽으로 바꾸고 'Vuela encuero'(Fly in leather, 가죽의자에서 비행하기)라는 의미로 광고를 시작했다. 영어를 스페인어로 직역을 했을 때는 '알몸으로 여행하세요.'라는 뜻이 된다. 그래서 알몸으로 비행기에 탑승한 풍자화도 나왔다. 사실 중남미에서는 이러한 사례들이 심심치 않게 발생한다. 그런데, 생각해봐야 할 것이 있다. 위에서 언급한 회사들은 모두 다국적 기업이다. 이 회사 내부에는 중남미 출신 인력이 있었을 것이고, 중남미 지사에도 당연히 현지 인력이 있었다. 광고는 현지 광고 에이전시를 통해 추진했을 것이다. 그런데도, 이것을 미리 잡아내지 못했다는 것은 관련된 중남미 직원들이 무능력하기 보다는, 내부 소통에 문제가 있었기 때문이라고 볼 수 있

다. 예를 들어, GM NOVA의 경우, 본사 기획자들이 새로운 개념의 스포츠카이고 그래서 라틴어의 NOVA를 브랜드명으로 했다고 의도를 설명하면, 중남미 직원들이나 광고에이전시는 전혀 말이 안 되는 것도 아니고, 좀 이상하더라도 반대 의견을 내서 이후에 변경될 때의 비용과 변경 후에도 매출이 좋지 않을 때 책임을 질 수 없으니, 적극적으로 우려를 표명하기 어려웠을 것이라 생각된다.

필자가 근무했을 때도, 비슷한 몇몇 사례가 있었다. 한 업체의 영문명을 그대로 읽으면, 남성 성기를 뜻하는 단어처럼 들리는데, 이를 알파벳 하나하나 읽으면서 영업을 했었다. 예를 들어, DOG이라면 '독'이라 발음하지 않고, '디오지'로 발음을 했다. 이후에 좀 이상해서 직원들에게 물어보니, 현지인 직원들은 한국 기업의 브랜드명을 중남미에서는 바꾸는 것이 좋겠다는 의견을 조심스럽게 주었다. 이와 같이 현지인들은 그 뉘앙스를 잘 안다. 단지, 이야기를 안 할 뿐이다.

현지화 실패를 불러오는 여러 요인들은 현지인들과의 솔직한 소통으로 최소화시킬 수 있는 부분이다. 그러므로 어떤 이야기도 할 수 있도록 신뢰를 쌓는 것이 반드시 필요하다.

3. 인종차별 금지

제발 기본 좀 지킵시다!

중남미에 대한 오해 중 하나는 인종차별에 대한 문제이다. 인종구성도 다양하고 인종에 따른 사회 계급의 차이가 있으니 인종차별의 문제도 심각할 것이라는 생각이다. 물론 그런 차이가 있는 것은 사실이다. 그러나 타민족을 받아들이는 관용과 포용의 측면에서 보면 중남미는 어느 곳 보다도 포용력이 큰 지역이다.

멕시코에 근무하면서 겪은 일이다. 무역관에서 주최한 무역사절단 행사장에서 어느 멕시코 법인장(한국인)과 출장 온 한국 기업인과의 대화를 듣게 되었다. 그 법인장은 중남미 생활을 오랫동안 한 사람이고 자칭 타칭 중남미 전문가로 불리던 사람이었다. 그런데 그가 여러 이야기를 하던 중, 중남미 사람들 특히 혼혈인들은 혼혈이라서 지능이 낮아 일을 잘 못한다는 이야기를 하였고, 듣고 있던 중남미를 처음 방문한 기업인은 고개를 끄덕이면서 듣고 있었다. 그때 얼마나 속이 답답하고 안타까웠는지 모른다. 혼혈로 IQ 저하가 일어난다는 말은 생물의 기본도 안 되어 있는 이야기였다.

생물학적인 논의를 떠나서 자신의 고객인 중남미 사람들을 바라보는 그 법인장의 사고방식에 실망하였고, 그런 사람들이 중남미 지역전문가를 자처하며 우리나라에서 중남미를 소개하고 있다는 것이 안타까웠다.

중남미에는 다양한 인종이 살고 있지만, 주요 인종으로는 백인과 원주민간의 혼혈인 메스티소(Mestizo), 기존 아메리카 원주민, 백인-원주

중남미 인종구성

출처: AIESEC US

민-흑인 등 세 인종 이상의 혼혈인, 백인, 백인과 흑인의 혼혈인 물라토(Mulato), 아프리카에서 건너온 흑인이 있다. 아시아 이민은 19세기 말부터 20세기 들어 농업이민으로 시작되어, 현재 7백만에 육박하는 것으로 알려져 있다.

 국가별로 각 인종별 비율이 차이가 있지만, 인종구성으로 보면 대부분의 나라는 메스티소-백인-원주민-물라토-3인종이상 혼혈인-아시아인 등의 인종으로 구성되어 있다.

관용도가 높은 중남미

2013년 타인종 관용도에 대한 흥미로운 조사 결과가 있었다. '세계 가치관 조사'(World Values Survey)에서 81개 국가를 대상으로 실시한 설문조사 결과를 바탕으로, '워싱턴포스트WP'에서 타인종에 대한 관용도 지도를 작성해 보도했다.

국가별 타인종에 대한 관용도 지도

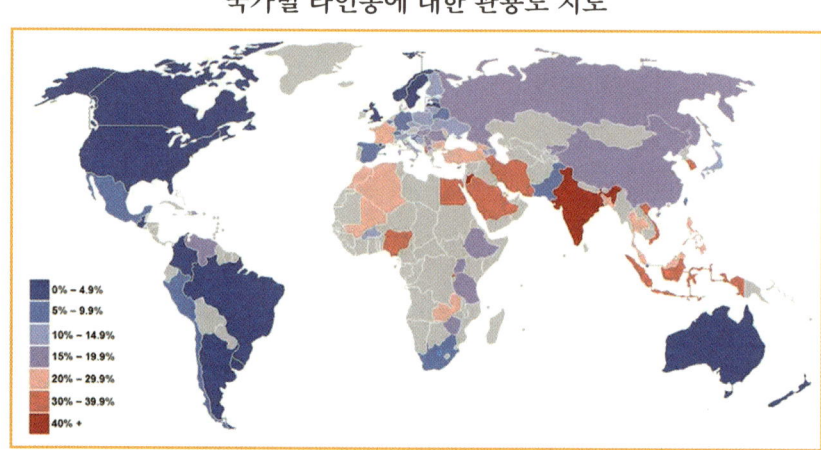

출처: World Value Servey, WP

위 지도는 '이웃이 되길 원하지 않는 집단이 누구인지'를 묻는 질문에 '타인종의 사람들'이라고 답한 사람의 비율을 표시한 것이다. 다른 인종을 이웃으로 받아들이기 원치 않는 응답자 비율이 높을수록(붉은색) 관용도가 낮은 것이고, 비율이 낮을수록(파랑색) 관용도가 높은 나라이다.

우리나라는 30%이상의 상대적으로 낮은 관용도를 보이고 있고, 이에 반해 중남미는 각 국가별 차이는 있지만, 상대적으로 높은 관용도를 보이고 있다. 이는 다양한 인종이 모여 사는 사회이기에 타인종에 대한 관용도가 높은 것으로 보인다.

World Value Survey
(세계가치관조사)
www.worldvaluessurvey.org

세계 가치관 조사는 전세계 사회과학자들이 모여 1981년 스웨덴 스톡홀롬에 창립한 비영리기구로, 현재 80여개국의 사회/문화/정치 등에 대한 가치관과 인식을 연구하는 세계적 조사 프로젝트를 진행하고 있다.

이 프로젝트의 목적은 세계 각국에서 연구하고 있는 사회과학자들의 연구를 바탕으로 하여, 세계에서 일어나고 있는 사회/문화/정치적 변화를 연구하여 각 국가 사람들의 삶과 가치가 어떻게 변화하고 있는가를 탐구하는데 있다.

* 조사항목 : 삶/가치관, 환경, 일, 가족, 정치, 사회, 문화, 종교, 도덕, 민족성, 사회통계

우리나라에서는 한국사회과학데이터센터(KSDC: Korean Social science Data Center)가 대표조사기관으로 참여하고 있다.

실제로 중남미는 다양한 인종이 모여 사는 다양성이 높은 지역이다. 그래서 국가차원에서나 사회통합차원에서 인종, 문화 등 각종 차별에 대해서 심각하게 다루고 있다.

하나의 에피소드가 있는데, 남미의 어느 나라에서 차관급 고위인사와 한국인 교민간의 민사소송이 있었다. 교민 분께서 청국장을 끓이셨던 것 같다. 그 윗집에 살던 고위인사가 냄새를 문제 삼으며 음식을 하지 말든지 나가달라고 이야기 했다고 한다. 이것이 이후에 법적 분쟁까지 가게 되었는데, 당시 현지 고위인사가 말하는 도중에 '동양의 고약한 음식'이라는 표현을 한 것이, 지역과 문화차별적 발언으로 인정되어 결국에는 현지 고위인사가 패소하고 이사를 했다고 한다.

한국인들은 중남미에서 어떻게 해야 하나. 우리가 중남미와 우호적인 관계를 맺을 때 인종에 따라 다른 태도를 취하는 것을 조심해야 한다. 의식적으로 그러지는 않겠지만 한국 사람들 사이에서 인종에 따라 차별적인 태도를 보이는 사람들이 적지 않은 것이 안타깝다. 원주민이나 혼혈인들에 대한 불친절하고 무관심한 태도도 문제이지만, 백인들에 대한 과도한 우호감 표시나 언급도 동일한 차별적 태도로 받아들여질 수 있다. 이 부분은 의식적으로 노력해야 할 부분이라 생각된다.

4. 권력과 영향력있는 사람 파악하기

 여기서 권력이란 해당 정부이든 기업이든 해당 조직에서 우리와 관련된 사안에 대해서 결정권을 가진 것을 의미한다. 영향력은 결정권을 행사하는 사람에게 직접-간접적으로 공적-비공식적으로 영향을 주는 것을 의미한다.
 중남미에서의 결정권자는 명함의 공식 직함에서만은 나오지 않는다. 그리고 조직 내에서도 중요한 결정은 물론, 이 정도는 우리나라 같으면 위임을 하고 진행할 문제까지도 최고 결정권자가 관여하는 경우가 적지 않다.

1) 권력분포는 집중형

 권력분포가 집중형이라는 의미는 수평형, 분산형, 계층형(피라미드형)과 비교했을 때, 허브(hub)형으로 집중되어 있다는 의미이다.
 정부의 경우, 장관에게 권한이 집중되어 있고, 차관과 차관보급의 고위공직자라도 권한은 우리나라만큼 주어져있지 않다. 기업의 경우 현지기업과 다국적 투자 기업을 구분해서 볼 필요가 있다. 현지의 중소기업은 당연히 회사 내 대표 또는 오너에게 결정권이 집중되어 있다. 대기업의 경우도 오너가 있고, 사업부별로 대표들이 있으나 대표이사들의 권한은 우리나라보다 크지 않다. 그리고 오너가 계열사의 세부적인 상황에 대해서도 전반적으로 파악하고 중요 결정권을 행사한다. 이는 우리나라와 비교하여 상대적인 것이지 절대적인 것은 아니다. 해외투자기업의 경우는 본사의 의사결정 구조가 적용된다. 예를 들어 대기업 구매담당자의 경우, 실무자 중간관리자에게도 적지 않은 권한이 주어진다. 중남미에서 권력은 공식적인 명함과 직함에서 나오지만은 않는다. 미팅을 할 때나, 교신을 하면서 누가 결정을 하는지 누가 영향력을 강하게 가져가는지 개별적으로 관심을 가지고 파악할 필요가 있다.

2) 영향력은 분포형

위에서 언급한 최종결정권자가 누구인지 파악하고 집중하는 것도 중요하다. 그러나 그 과정에서 만나게 될 사람들, 최종결정권자의 결정에 영향을 주거나 좋은 인상을 줄 수 있도록 도와줄 수 있는 사람들에게도 관심과 존중으로 대해야 한다. 권력이 집중된 만큼, 이를 보좌하는 사람들의 영향력도 크다.

- 비서

기업이나 정부 고위인사에게는 비서가 있다. 비서는 일정을 관리하고, 면담을 잡고, 이외에 개인적인 일들도 돕는다. 중요 인사와 약속을 잡고, 이후에도 지속적으로 좋은 관계를 유지하고자 한다면 반드시 비서를 우호적인 편으로 만들어야 한다. 비서에게 무례하게 할 경우 이후 약속을 잡기도 어려워질 수 있다. 필자의 경우는 미팅을 갈 때, 비서에게도 한국 전통 책갈피나 부채, 또는 마스크팩과 같이 작지만 의미있는 선물을 하곤 했다. 민간기업 오너의 비서는 장기간 재직하는 경우가 많다. 필자도 현지 주재 시 대기업 오너의 비서를 통해서 오너의 취향과 성향도 미리 물어 볼 수 있었고, 나중에는 필자에 대한 평가까지도 들을 수 있었다. 물론 다행히도 긍정적이었기에 알려주었을 것이라 생각한다.

· **보좌관**

 정부인사의 경우, 보좌관(Asesor)을 둔다. 이들은 장차관 이상의 고위직 인사와 임기를 같이한다. 이들을 통해 미팅을 잡거나, 정말 긴급하고 중요한 일이 있을 경우, 신속한 의견 전달과 피드백을 받을 수 있다. 특히, 정부 간 협력 사업을 진행할 때는 반드시 보과관과 좋은 관계를 쌓아두도록 한다. 그러면 이후 사업추진도 수월하게 진행될 수 있을 것이다.

· **가족**

 중남미에서 가족은 가장 중요한 집단이다. 우리나라에서는 가족을 위한다고 하면서, 가족보다 회사나 조직에 우선순위를 두었던 안타까운 과거가 있다. 물론 아직도 그런 분위기가 남아있다. 그러나 중남미에서는 가족이 최우선이다. 일단 민간기업의 경우 누가 오너의 식구들인지를 미리 파악을 하면 좋다. 오너의 성(Apellido)과 같은 성을 가진 사람을 찾고 이들과도 친밀하게 관계를 맺는다.

 그리고, 상대방과 가까워져서 집에 초대를 받을 경우, 그 가족들과 인간적으로 친해지면 가장 좋다. 또한, 배우자나 자녀들이 좋아하는 것을 알아보고, 이후에 작은 선물을 하는 것도 추천한다.

· **퇴직자**

 업무를 하면서 인연을 맺을 사람과는 퇴직자라고 해도 관계를 이어간다. 필자는 함께 공동의 목표를 가지고 각자의 자리에서 노력했던 관계이고,

일을 하면서 친구가 된 사람들과 퇴직 후에도 인연을 이어가고 있다. 한국은 공적으로 만난 인연은 공식 직위에서 떠나는 순간 대부분 끊어지고 만다. 그러나 중남미는 직책보다 사람을 우선한다. 필자도 현지인 퇴직자와 계속 연락을 하면서, 도울 일이 있으면 돕고, 정기적으로 식사도 하면서 친구관계를 이어갔다. 지금도 종종 안부를 물으며 지낸다. 의도하지 않은 것이지만, 그렇게 하다보면 평판에도 영향을 미친다. 또 지금은 퇴직자이지만 다시 어떻게 잘 될지는 모르는 일이다.

비즈니스에서 인간관계가 중요하고, 어떤 목적을 위해서 인연을 맺게 되었지만, 그 목적이 사람 자체보다 우선할 수는 없다. 만나는 모든 사람을 존중하고 우정을 귀히 여기는 기본만 된다면 다른 일들은 더 잘 풀리지 않을까 기대한다.

5. 가족중심

중남미를 지탱하는 힘. 가족

중남미 비즈니스에 있어서 가장 큰 영향을 주는 것은 바로 가족이라고 할 수 있다. 가족은 중남미 국가들이 정치적으로나 경제적으로 불안과 위기 속에 있을 때도 개인과 사회의 중심을 잡게 해주는 중요한 요소이다. 가족은 직계가족과 사촌이상의 친척, 그리고 큰 의미에서 친밀한 친구도 포함된다. 가족(대가족 포함)은 단순히 시간을 함께 보내는 정도를 넘어, 경제적인 어려움에서 도와주고 직장을 알아봐주고, 또는 고용하는 것까지 포함하는 연대를 보여준다. 현재 세대간 의식의 변화가 있고, 핵가족화가 진행되고 있지만, 여전히 중남미에서는 친척과의 관계를 중시하며 대가족 제도를 유지한다고 한다.

이를 잘 표현한 구절은 멕시코의 외교관이자 노벨문학상(1990) 수상 작가인 옥타비오 파스(Octavio Paz)가 '고독의 미로로의 회귀(Vuelta a El Laberinto de la Soledad, 1975)'에서 정치적 권위와 가족, 가족의 변화, 가장의 개념에 대해서 언급한 내용을 들 수 있다.

멕시코 정신의 근저에는 역사와 현대 삶으로 덮인 현실이 있다.
숨겨져 있지만 실재하는 현실.
예를 들면 정치적 권위에 대한 우리의 이미지이다.
거기에는 콜럼버스가 중남미에 도착하기 이전의 요소와
스페인, 지중해 및 이슬람의 믿음의 유산이 남겨져 있다.
대통령에 대한 존경심 뒤에는 아버지에 대한 전통적인 이미지가 있다.

가족은 매우 강력한 현실이다. 본래 의미의 '가정'이다.
산 자와 죽은 자의 '만남의 장'이며, 동시에 제단이자,
사랑의 침상이며, 요리를 하는 화로이며, 조상을 묻는 재가 된다.
가족은 수세기 동안 겪어온 여러 참화 속에서도 상처입지 않고 살아남았으나, 도시화로 인해 위기가 시작되었다.
가족은 삶과 죽음, 선과 악, 남성과 여성, 아름다운 것과 추한 것, 해야 할 일과 그른 일에 대한 신념, 가치 및 개념을 제공해왔다.
그리고 그 중심에는 아버지가 있었다.
아버지의 모습은 가장(가부장, Patriarca)과 마초(Macho)로 나누어진다. 가장은 가족을 보호하고 선하고 강력하며 지혜롭다. 그러나 마초(Macho)는 아내와 아이들을 버리고 떠나간 아버지라는 끔찍한 남자이다.

위의 글에서와 같이 가족은 삶의 중심이자 학교이고 가치를 제공하는 중요한 곳이다. 당시 옥타비오 파스도 도시화로 인한 핵가족화가 가족의 붕괴를 가져올 것으로 우려했던 것으로 보인다. 가장(Patriarca)은 원래 원주민 문화에서는 족장과 대응되는 의미로 지혜롭고 가족을 지키고 책임을 다하는 이미지를 가지고 있다. 마초(Macho)는 과거 스페인 남자들이 원주민 여자를 만나 잠시 함께 지내며 자녀를 가진 후에 무책임하게 떠나버린 것에서 기인한 것이다.

'옥타비오 파스'와 그의 책 표지

현대에 들어서 도시화와 핵가족화로 변화가 있지만, 가족의 중요성에 대해서는 그대로 유지되고 있다. 2006년 유엔 라틴 아메리카 카리브 경제위원회(CEPAL)에서 중남미에서의 사회적 보호에 대한 가족의 역할에 대한 보고서가 발표되었다. 연구결과 가족 제도에는 최근 수십 년 동안 많은 변화가 있었다. 가족 형태가 다양화되고, '남성은 밖에서 일하고, 여성은 가사를 전담하던 모델(male breadwinner model)'에서 가정의 주도권이 여성에게도 넘어가는 경향이 확대되고 있으며, 평균 가족규모가 작아지고 있다고 한다. 그러나 여전히 사회 복지의 많은 부분을 가족이 담당하고 있다. 핵가족화가 이루어지고 있다고 하더라도 정기적인 만남과 소통을 통해서 대가족적 연대감을 유지하고 있다고 한다.

▶ '망자의 날'을 통해서 본 중남미의 가족관과 내세관

망자의 날(Día de los Muertos)은 코코(Coco)라는 애니메이션 영화로 우리나라에도 잘 알려지게 되었다. 이 영화는 중남미의 가족관과 내세관을 잘 표현하였다. 중남미에서 망자의 날을 기리는 문화의 기원은 멕시코 원주민인 아즈텍Aztec과 마야Maya 문명으로부터 약 3천 년 전부터 기념해 왔다. 특히, 해골(두개골) 형상을 이용하는데, 이것이 도리어 새롭게 태어남을 의미한다. 이날은 죽음의 여신인 '믹떼까씨우아뜰(Mictecacihuatl)'이 주제한다. 이 이름의 뜻은 '순수함'인데, 죽음 앞에서 가장 순수해지기 때문이다.

 이런 망자의 날을 기념하는 것이 스페인 정복자들이 보기에 이교도 적으로 보여, 강제로 원주민들에게 이날을 기념하지 못하게 하였고, 대신 11월 초 카톨릭에서 기념하는 '성자와 모든 영혼의 날(Día de todos los Santos y Todas las Almas)'로 바꾸었다. 그래서 중남미에서는 망자의 날이 카톨릭 전통이라고 믿는다. 이 날들은 11월 1일과 2일로 나누어 기념한다. 1일에는 어린아이의 영혼이 돌아오는 날이고, 2일은 성인의 영혼이 돌아오는 날이다. 이틀을 위해 거의 한달 전부터 준비를 한다. 묘지나 집, 거리에 이들을 위한 제단을 만든다. 그리고 제단위에 음식도 준비하는데, 어린아이의 영혼이 돌아오는 날에는 주로 달달한 음식들을 놓는다.

 이들은 죽은 자의 영혼이 매년 돌아온다고 믿고, 망자가 가장 좋아했던 음식을 준비한다. 그리고 죽은 영혼이 음식을 다 먹었다고 생각될 때, 가족들과 음식을 나눈다.

 이들의 문화를 보면 우리와도 많이 유사하다는 생각이 든다. 추수가 끝난 후, 추수한 음식을 가지고, 망자가 좋아했던 음식을 만들어, 1년에 한 번씩 망자의 영혼이 돌아오는 제삿날에 상을 차리고, 가족들이 모여 망자를 기리며 식사하는 모습은, 우리 한가위 명절과도 통하는 면이 있는 것 같다.

비즈니스 미팅시간 및 식사초대하기

한국에서 출장을 오신 분들이나 현지 진출 기업인들은 현지에서 바이어나, 정부 인사를 만날 때, 가끔씩 저녁식사에 초대하는 경우가 있다. 하지만, 정말 친한 경우가 아니면 저녁식사 초대는 실례가 될 수 있다.

초기에 관계를 쌓아가는 입장이라면, 조찬이나 오찬에 초대하는 것을 추천해 드린다. 필자의 경우도 조찬모임을 하는 경우가 많았다. 상대방 출근 전에 만나야하기 때문에, 오전 7시 정도에 상대방의 사업장과 가까운 괜찮은 호텔 식당에서 미팅을 했었다. 오전에는 일반 레스토랑도 거의 열지 않기 때문이다. 오찬은 오후 1시에서 2시 사이에 시작해서 2시간 정도를 생각하면 된다.

이후에 어느 정도 친밀해진 경우에는 저녁식사도 제안할 수 있다. 현지의 좋은 식당이나 분위기 좋고 깨끗한 한식당에 초대해도 좋다. 술은 맥주 한 잔 또는 와인 한두 잔 정도가 보통이다.

가족동반 모임 초대의 의미

가끔씩 어느 정도 관계가 지속되고 신뢰가 쌓이면, 집이나 가족동반 모임 자리에 초대를 받는 경우가 있다. 이정도가 되면, 친구로 인정하기 시작하는 것이고, 사업으로 보면 계약 성사를 기대해도 좋을 단계에 오른 것이라 볼 수 있다. 반면, 이때부터는 다른 경쟁 거래선과의 관계에서 결정을 해야 할 시간이 다가온다고 여기고 준비를 해야 한다.

중남미에서는 가족을 중시하기 때문에, 우리가 현지인 사업파트너 가족들에게도 관심을 가지고 작은 마음을 표현할수록 관계는 더욱 돈독해질 수 있다. 위에서도 한번 언급했지만, 현지인 배우자가 화장품을 좋아하면, 한국 화장품을 선물하고, 자녀들이 좋아할 만한 것들을 과하지 않은 수준에서 선물하는 것이 우리의 호의를 표현하는 방법이 될 수 있다. 이전에 만난 현지 인사에게 자녀가 둘 있었는데, 장남은 만들기를 좋아한다고 해서 한옥 모형 만들기 세트를 선물했고, 차남은 카드 수집이 취미라고 하여, 한국 고유 이미지를 활용한 트럼프 카드와 화투를 선물한 적이 있었다. 금액이 크지 않으면서도 마음을 전달할 수 있었던 사례였다.

가족기업 중심의 라틴비지니스

중남미에서는 가족은 사회적인 책임도 감당하는 집단이라고 했다. 그리고 불확실성 회피성향이 큰 중남미 사람들에게 가장 신뢰할 수 있는 관계가 가족관계이다. 그래서 자연스럽게 중남미에서는 가족기업이 중심이 된다. 칠레 대학의 끌라우디오 뮐러(Claudio Müller) 교수는 중남미 가족기업에 대한 연구결과, 가족기업은 라틴 아메리카 경제의 중추적인 위치를 차지하고 있다고 강조했다. 라틴 아메리카 기업의 85% 이상이 가족 소유 기업이다.

가족기업들이 지역 GDP의 60%를 담당하고, 70%이상의 노동력을 고용하고 있다. 다음 표는 대기업 집단을 형성한 중남미 가족기업의 예를 보여준다. 멕시코의 '까를로스 슬림'(Carlos Slim)은 통신(Telmex 및 America Movil), 소매(Sanborns) 및 인프라 기업까지 포함한 대기업 오너로 2021년 포브스 선정 세계 16위로 자산규모 838억불을 보유하고 있다. 브라질에서는 최대 은행인 '이따우 우니방꼬'(Itau Unibanco)

중남미 대표적 가족기업

출처: Tharawat Magazine

에서 두 가문(Egydio de Souza Aranha, Morreira Salles)이 지배적인 위치를 차지하고 있다. '에르미리우 지 모라이스'(Ermirio de Moraes) 가문은 원자재, 광업, 펄프 및 제지 등의 사업을 운영하는 '보또랑칭 그룹'(Votorantim Group)을 소유하고 있다. 칠레에서 룩시키(Luksic) 가문이 광업(Antofagasta, 안또파가스따), 금융, 물류 분야를 포함한 광범위한 사업을 운영하고 있으며, 페루에서는 로메로(Romero) 가문이 금융(Banco de Credito, 방꼬 데 끄레디또)시장에서 중요 위치를 차지하고 있다. 이외에도 이름의 '성'만 보면 어느 가문에 속해있고 어떤 사업을 가지고 있는지를 쉽게 식별할 수 있다.

끌라우디우 교수에 따르면 중남미 가족기업의 대표적 성공요소 5가지를 언급하고 있다. 첫 번째는 사람이다. 중남미 가족기업은 근면하고, 유연하고, 창의적이며, 사회적 관계에 관심이 있는 사람들로 구성되어있다. 두 번째는, 타인 특히 가족에 대한 책임감이다. 책임감으로 가족과 함께 일하고, 가족과 사업 간의 이해관계를 조정해나간다. 세 번째는, '기업가 정신'이다. 가족 사업이기 때문에 사업의 지속성이 중요하다. 이를 위해서 혁신과 신성장 동력 확보에 노력한다. 네 번째는, '적응력'이다. 중남미는 사업상 고위험 환경에 지속적으로 노출되는 지역이다. 그러므로 변화되는 환경에 빠르게 적응하고 위험을 회피하는 능력이 필요하다. 다섯 번째는, '평판'이다. 가족기업은 가문을 앞에 걸고 사업을 한다. 그러므로 신용과 명성이 중요한 경쟁요소이다. 이에 가족기업은 가문의 명예를 생각하고 경영하게 된다.

 위와 같은 가족기업의 특징을 참고하여, 우리 기업이 중남미 가족기업들과 비즈니스를 할 때 기회요소로 삼을 필요가 있다. 변화에 적응하며 신사업 개발에 관심을 가지고 있는 반면, 중남미는 신기술 개발 속도는 늦는 편이다. 이에 한국의 신기술 기업이 중남미의 자본을 가진 업체와 제휴하는 것도 하나의 방법이 될 수 있다.

 그리고 이들과 일할 때 기업 내부에서의 가족관계도 미리 파악하여 사업 추진 시 참고하는 것도 도움이 될 것이다. 또한, 가문에서 다양한 사업체를 가지고 있으므로, 최초 미팅에서 100%매칭이 되지 않았다고 해도, 가족기업군에서 다른 업체를 찾아서 추천받을 수 있다.

가족기업군 - 법적으로는 독립

 한 가지 명심할 것은 중남미 가족기업은 규모가 대기업이고 다양한 사업체를 보유하고 있으나, 법적으로는 개별 법인으로 활동하는 경우가 적지 않다. 우리나라는 예를 들어 OO물산, OO전자, OO건설 등 한 그룹 브랜드 아래에 여러 계열사로 나뉘지만, 중남미는 그룹내 기업들이 모두 다른 브랜드를 가진 독립 기업으로 보인다. 그리고 법적으로도 분리되어 있고, 규모가 크지만 비상장 회사인 경우도 적지 않다. 외부에서는 '그룹'으로 부르지만, 법적인 연관성은 없는 경우도 있다. 이는 한 사업체의 문제가 다른 그룹사로 영향을 끼치는 것을 방지하기 위함이다.

6. 직접적 인간관계 중시

중남미에서는 조직이 아닌 사람에게 충성한다.

중남미에서는 어떤 일을 할 때 가장 중요한 동기 중 하나는 타인과의 인간적 관계이다. 일을 통해 급여를 받는 것도 중요하지만, 실제로 부하직원이나 동료들을 믿고 일을 할 수 있게 하는 것은 개인적 신의/신실성 때문이다. 이 단어는 영어로는 loyalty로 번역을 하지만, 중남미에서는 상하관계나 국가와 같은 집단적 실체에 대한 것을 의미하기 보다는, 개인 대 개인 간의 신실성, 의리, 신뢰 등을 포함하는 의미가 더욱 강하다.

해외 진출기업들의 경우나 현지 기업들도 취업규칙이나 업무세부규칙들을 정해놓고 관리를 하지만 이것은 실제 업무의 성과를 기대하기에 충분하지 않다. 각 개인에 대한 인간적 개별적 관심이 중남미에서 가장 중요한 관리 필수 요소라고 볼 수 있다.

미국의 경영연구자들(Joyce Osland, Silvio de Franco, Asbjorn Osland)이 현지 조사한 결과에 따르면, 중남미 사람들은 개인적인 친분이 없는 고위층으로부터 서면으로 받은 업무지시보다는 개인적으로 관계를 맺고 있는 사람의 요구와 요청을 우선시 한다는 사실을 발견했다. 친밀한 인간관계가 관료제적 절차를 쉽게 뛰어넘을 수 있다.

이는 같은 조직내부 뿐 아니라 외부기관의 사람들과도 마찬가지이다. 인간관계론의 기본 요소인 '근접성'은 중남미에서 더욱 중요하다. 가까이 있으면서 자주 만나 이야기하게 되면 특별한 개인적 관계를 형성하게 된다.

같은 조직에서도 직원들과 개별적인 교류를 자주하는 것이 중요하다. 업무지시에 있어서도, 공문서 또는 메일로 하는 것이나, 중간 관리자를 거치는 것보다도, 실무자에게 직접 찾아가든지 오라고 해서 개인적으로 설명하고 지시하는 것이 훨씬 효과가 크다.

다른 기관이나 조직도 마찬가지이다. 공공기관이나 은행 등의 업무를 처리해야 할 때, 자주 만나면서 업무 외적인 이야기들을 하면서 관심을 가지고 있으면, 이후에 급하게 처리할 일이나 좀 난이도 있는 업무에 대해서도 친절하게 해결책을 주는 경우가 적지 않았다. 필자의 경우는 명찰의 이름을 기억하든지, 이름을 물어보고, 이후부터는 이름을 불러주니 일처리가 좀 더 매끄럽게 진행된 경험이 있다. 사실 이런 일들은 중남미에서 사업을 오래하거나 경험이 많은 사람들은 항상 하는 이야기이다.

중남미에서 자주 언급되는 이야기는, '되는 것도 없고, 안 되는 것도 없다.'라는 말이다. 이는 정상적인 절차로 진행했는데도 불구하고 도와줄 인연을 가진 사람이 없어 일이 안 되는 반면, 일반적으로는 불가능해 보이는 일들이 친한 인연의 사람으로 인해서 가능해 진다는 것으로도 해석할 수 있는 부분이다. 공정을 중시하는 사회에서는 이것이 특혜로 부정적으로 비칠 수 있지만, 인간관계를 중시하는 사회에서는 이것은 특혜이지만 부정적으로 받아들이지 않는다.

비즈니스는 조직이 아닌 사람을 보고 한다.

중남미는 조직보다 사람이 더욱 중요하다. 우리나라는 자신을 소개할 때 'OO전자의 OOO 과장'입니다. 라고 소개한다. 중남미, 서양의 경우는 이름이 먼저 언급되고 이후에 조직을 말한다. 우리나라에서는 자신의 정체성이 자신이 속한 조직에 연계되어 있다. 그러나 중남미에서는 자신의 정체성은 자기 자신 자체에 있다.

경기침체가 되면서 퇴직한 중년에 대한 우울한 기사들이 많이 나온다. 아래는 한 경제지의 소제목으로 나온 문구이다. 우리나라에서 기한이 정해진 직장이 개인의 정체성과 얼마나 강하게 연결되어 있는지를 보여주는 예라고 할 수 있다.

'퇴직한 중년 지위·역할 한번에 잃어버리고…
화려했던 인간 관계도 무너져
직장 성공만 보고 내달린 인생…
명함의 상실은 정체성의 상실'

필자도 2019년 직장에서 나오게 된 후, 1년간 취업활동과 집필활동을 하면서 소속이 없이 지낸 적이 있었다. 우연히 기회가 되어 예전에 근무하던 에콰도르에 방문하게 되었다. 에콰도르에서 인연을 맺은 여러 분들과 만날 기회가 있었다. 필자가 주재 시 도움을 받았던 대기업 총수들, 전현직 정부 인사, 현직 무역투자진흥기관장도 만날 수 있었다. 다들 바쁜 사람들임에도 당시 필자가 소속이 없이 지내던 것도 알면서도 시간을 내주었다는 것에 감사한 마음이었다. 앞으로 필요한 것 있으면 언제든 연락하라는 말에 감동했던 기억이 난다. 에콰도르에서 돌아오기 하루 전, 교포 1.5세로 현지 전자제품 유통기업 사장으로 일하는 친구를 만났다. 대화를 나누던 중, 에콰도르 방문해서 퇴직자에게까지도 시간을 내주고 만나주는 것에 대해서 참 인상적이고 고마웠다고 이야기를 하니, '중남미 사람들은 직책이 아닌 사람을 보고 사업을 한다.'고 말해 주었다. 공적인 직책으로 맺어진 인연이지만, 그들은 사람을 보고, 그 인연에서 인간적인 우정이 생기면 한 인간으로 친구가 되는 것이라고 이야기하였다. 그러면서, 한국 기업인들이 하는 실수에 대해서도 언급을 하였다. 특히, 대기업의 명함을 가지고 있는 사람들은 회사의 후광으로 자신이 쉽게 성과를 낼 수 있다고 생각하고, 자신을 회사의 가치처럼 남들이 평가해 줄 것이라 여겨 약간 거만한 태도가 나오는 것 같다고 하였다. 모든 사람들이 그렇지는 않겠지만, 유념해서 들어야 할 부분이라고 생각된다. 이는 인지도가 낮은 조직에 속해있더라도 자신의 진심과 노력에 따라 상대의 신뢰를 얻고 성과를 낼 수 있다는 것이고, 반대로 인지도가 높은 조직에 속해있더라도 현지인들의 마음을 얻지 못하면 신뢰도 성과도 얻기 어렵다는 의미이다. 다만, 대기업이나 인지도가 높은 조직에 있는 경우, 또는 공공기관으로부터 소개를 받은 경우에는 초기 면담을 잡기가 훨씬 수월한 것은 사실이다. 이것은 중남미에서 인지도나 기업의 크기로 판단 한다기보다는, 불확실성을 회피하려는 성향에 기인하는 것이라고 보는 것이 더 바람직하다.

인간관계와 방종의 우려

일단 개인적인 관계를 구축하여 친구 또는 친구처럼 되면, 그 관계는 오래 지속된다. 그리고 어떻게 해서라도 도움을 주려고 하고, 상대를 실망시키려고 하지 않는 마음을 가지게 된다.

이런 이야기를 하면, 어떤 분들은 우려의 말씀을 하시는 경우가 있다. 상사와 인간적으로 좋은 관계가 되면 직원들이 태만해지지 않느냐는 것이다. 물론 그럴 가능성도 있다. 필자의 경험에 의하면, 이것은 의약품의 부작용과 같은 것이다. 개인 차이에 따라 방식이 맞지 않는 경우도 있고, 인성에 문제가 있는 경우도 있고, 관계 구축 시 방법에서 현지와 맞지 않는 경우도 있어서, 몇 가지로 유형화 시킬 수는 있으나, 이를 일반화하기는 어려울 것이다. 감사하게도 필자와 함께 일했던 현지인 동료나 부하 직원들 중에는 좋은 관계가 태만으로 또는 소위 '기어오르는' 단계로 간 적은 없었다. 어떤 직원의 근무태도가 변화할 경우, 대화를 통해 사정을 들어보는 것도 좋다. 집안 문제, 직원간 관계문제, 개인적 사정, 오해의 문제 등 다양한 문제들이 있는데 대부분은 대화로 풀 수 있는 문제들이었던 것은 필자에게도 행운이었다고 생각한다. 도리어 한국인 직원 중에는 관계의 노력이 실패로 돌아간 경우가 한두번 있었다. 여기서 자세히 설명하기는 어려우나, 대화를 시도했다가 잘 되지 않아 주의를 주고 업무에 대한 집중 관리를 하다 보니, 이후에 스스로 퇴직한 경우가 있었다. 개인적으로도 아쉬운 경험이었다.

 좋은 관계를 지속적으로 유지할 수 있었던 것은, 동료나 직원들에게 신뢰한다는 신호를 주고, 어떤 문제나 지시에 대한 부족한 성과가 나왔을 때, 이유를 들어보고 함께 개선점을 찾으려는 노력을 했었기 때문이다. 그리고 사실 친밀한 사이가 되었을 때, 상대가 걱정하는 것은 자신의 불성실한 태도나 성과로 자신의 성실함/진성성을 의심받게 되는 상황이다. 물론 정말 인성이 그릇된 사람도 있는 경우가 있다. 그런 사람은 빨리 파악해서 조심하든지, 채용 후 견습 기간(중남미 다수의 국가에서는 약 2개월에서 3개월간 견습 기간이 있다. 기간 내에는 언제라도 계약을 종료할 수 있다.)

동안 심층적으로 관찰할 필요가 있을 것이다.

 이런 관계는 조직 내부의 관계에서 뿐 아니라, 거래처와의 관계에서도 마찬가지이다. 지금 거래가 되지 않더라도, 일단 친한 관계를 만들어 유지할 필요가 있다. 그러다가 관계가 어느 정도 친밀해지면, 왜 우리 제품 구매가 어려운지 솔직한 이야기를 들을 수 있다. 품질, 가격, 시장현황 등 다양한 요인에 대한 잠재 고객의 피드백은 향후 영업 마케팅 전략 수립에 큰 도움이 될 정보들이다. 이런 정보와 피드백은 초기에는 잘 나오지 않는다. 친밀한 관계가 아닌 이상 괜시리 상대를 기분 나쁘게 할 이야기를 해주지 않기 때문이다.

VENEZUELA
Cartagena
PANAMA
Panama City
Medellín
Bogotá
COLOMBIA
Popayán
Pasto
Quito
ECUADOR
Manta
Ambato
Chimborazo
6310
Guayaquil
Cuenca
Iquitos
Amazon
Piura
Moyobamba
Cruzeiro do Sul
Cajamarca
Chiclayo
Acre
Pucallpa
6768
Trujillo
Nevado de Huascarán
Chimbote
Huaráz
PERU
Huancayo
Callao
Lima
Ayacucho
Ica
Cobija
Maldonado
Roraima

포스트 코로나 시대 소통방식

제 4부. 포스트 코로나 시대 소통방식

1. 그래도 대면 (Cara a Cara: Face to Face)

 코로나 이후에 소통에 많은 변화가 있었다. 사회적 거리두기와 함께 이후에 설명할 온라인 소통방식의 확대이다. 명심할 것은 여전히 대면방식이 성과를 내는데 가장 효과적인 방식이라는 것이다. 중남미 사람들은 대면으로 인연을 맺고, 대면으로 일을 진행하는 것이 훨씬 속도가 빠르다. 대면하여 인연을 맺은 사람이 요청한 업무를 가장 우선적으로 처리할 가능성이 높기 때문이다.

 이후에 언급할 비대면 방식은 대중을 상대로 한 마케팅이나, 대면을 보조하는 수단이다. 대면으로 인연을 만들지 않은 상황에서 비대면으로만 일을 진행하는 것은 한계가 있다.

특히, 허가, 인증, 구매결정, 통관 등등 어떤 중요한 결정을 해야 하는 문제들에서는 여전히 대면으로 처리할 때가 훨씬 효과적이라고 한다.

대면만남은 불확실성 회피성향에 대한 해소를 위해서, 개별적이고 상호 신뢰할 수 있는 인간관계 구축에 필수요소이다. 현재의 코로나 상황에서 출장이나 대면 미팅이 어려운 경우, 현지의 대리인이나 법인을 통해서 대면 만남을 지속하는 것이 중요하다.

만약 현지에 그런 채널이 없을 경우, 화상회의라도 하면서 얼굴을 익히도록 하는 것이 반드시 필요하다. 관련 내용은 뒤에서 자세히 언급하도록 하겠다.

2. 채팅앱 ≥ Email

 중남미 업체나 정부 공공기관 분들과 소통방식은 어떻게 할까? 우리나라는 업무교신에서 이메일을 주로 공식적인 채널로 많이 사용한다. 반면, 중남미는 이보다는 실시간으로 편하게 소통이 가능한 메신저 사용을 선호한다. 제품에 대한 견적을 물을 때도 사진을 첨부할 때도, 계약서 문구 수정이나 협의에도 채팅앱을 사용하는 경우가 적지 않다. 심지어 정부기관 사람들과 소통에서도 채팅앱을 활용하는 것이 대부분이다.

 이메일은 공식적인 소통을 시작할 때, 메신저나 미팅을 통해 합의된 내용을 재확인할 때, 계약 체결 이후 이를 송부할 때 등 시작-확정-공식화를 위한 단계에서 주로 사용한다. 이외의 세부내용, 사실 확인, 일정 조율 같은 것들은 모두 메신저를 사용하는 것을 선호한다고 보면 된다. 또한, 전화통화도 채팅앱의 음성통화 기능을 사용한다.

 처음으로 비즈니스 미팅 시 교환한 명함에 휴대전화 번호가 있으면 이를 통해서 연락하면 된다. 그런데, 중남미에서는 명함이 없는 경우도 있고, 고위직의 경우는 휴대 전화 번호가 있는 명함과 없는 명함을 별도로 가지고 있다. 이 경우에는 개별적으로 이메일과 휴대전화 번호를 물어봐도 실례가 되지 않는다. 다만, 조직에서도 위계질서가 있기 때문에, 비슷한 직위의 사람에게 번호를 물어보고 연락하는 것이 바람직하다.

중남미에서는 '아직' 왓츠앱

 세계적인 소셜미디어 관리 플랫폼인 훗스위트(HootSuite)가 2019년에 발표한 조사결과에 따르면 왓츠앱(Whatsapp)이 중남미에서 사용률 1위

국가별 사용률 1위의 채팅앱

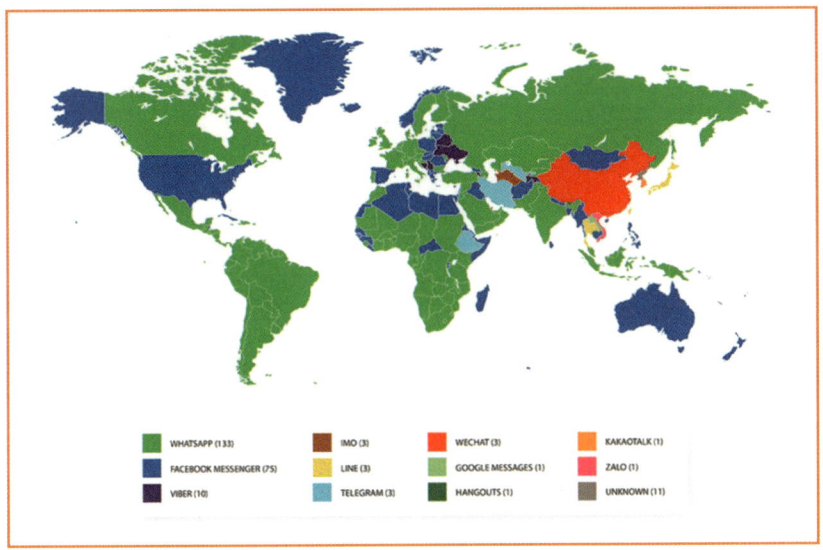

출처: HootSuite

를 기록하고 있다. 미국에서는 페이스북메신저(Facebook Messenger)가 1위지만, 왓츠앱(Whatsapp)이 히스패닉계 사람들이 많이 사용함에 힘입어 52%의 점유율을 보이고 있다고 한다. 현재는 메타(Meta)로 바뀐 페이스북(Facebook)이 2014년 왓츠앱을 인수하였으니, 북미와 중남미 모두 메타가 장악하고 있다고 봐도 무방하다. 오노바 인사이트(Onova Insight) 라는 모바일 시장조사기관이 2013년 조사한 설문에 따르면, 중남미 스마트폰(아이폰) 사용자의 90%이상이 왓츠앱(Whatsapp)을 사용하는 것으로 나타났다. (아르헨티나 96%, 브라질 90%, 콜롬비아, 96%, 멕시코 94%) 필자도 중남미에서 일을 하거나, 중남미 사람들과 교신할 때 거의

왓츠앱(Whatsapp)을 사용한다. 아직까지 이 메신저를 사용하지 않고 교신을 하는 사람이 없을 정도니, 얼마나 일반화 되었는지 알 수 있다.

 왓츠앱(Whatsapp)이 인기가 좋은 이유는, 무료 메신저로 해외에 있는 가족, 친척, 거래선과 연락할 수 있고, 국제전화도 큰 비용 들이지 않고 할 수 있기 때문이다. 초창기 고객들에게 편리한 인터페이스에 귀여운 이미지도 많이 제공하고 있어서 크게 인기를 끌었다. 이후에는 같은 서비스를 이용하는 고객의 숫자가 늘어나면 늘어날수록 그 서비스의 효용이 더욱 증가하는 네트워크 외부효과로 인해 중남미 최고의 메신저로 사용되고 있다. 다음으로는 보안성 때문에 텔레그램(Telegram)이 많이 사용되고, 한국과 거래하는 기업의 경우 카카오톡(KakaoTalk)을 사용하기도 한다. 카톡의 경우는 다양하고 귀여운 이모티콘이 많아 사용자 만족도가 높기도 하다.

 중남미 또는 북미 히스패닉 거래선과의 교신을 위해서 왓츠앱 사용을 강력히 추천드린다. 또한, 현지 기업들도 고객과 소통을 위한 채널로 기업용 서비스인 왓츠앱 비즈니스(Whatsapp Business)를 많이 사용하고 있으니 우리 기업들도 중남미에서 가장 많은 사용자를 보유한 동

앱을 활용하는 것을 적극 검토해 보면 좋을 것 같다.

3. SNSs (소셜미디어)

중남미 사람들이 애정하는 SNSs.

중남미(히스패닉 포함) 사람들은 SNS를 좋아한다. 중남미는 집단주의가 강한 문화권에 속한다. 집단주의가 강한 곳에서는 타인의 인정과 평가에 민감하다. 중남미 사람들이 소셜미디어에 관심을 가지고 활발하게 이용하는 이유이다. 이를 중남미 바이어와의 관계 구축과 B2B, B2C 마케팅 도구로 사용하는 것은 효과적인 전략이다. 시장조사기관인 스타티스티카(Statistica)사에서는 2018년과 2019년 사이에 SNS사용에 대한 조사를 진행했다. 조사결과 중남미 인구의 약 84%가 소셜미디어 사용자라고 한다. 즉, 인구수로는 약 5억 6천만 명 정도이다. 전 세계 평균이 53%를 약간 넘는 수준인데, 중남미사람들이 얼마나 SNS에 애착을 가지고 있는지 알 수 있다. 중남미에서 가장 많이 사용되는 소셜미디어는 페이스북(Facebook, 3억 9천만), 유튜브(Youtube, 3억1천만), 인스타그램(Instagram, 1억 5천

만), 트위터(Twitter, 1억) 순이다. 여기서는 분리해서 볼 예정인데, 채팅앱인 왓츠앱(Whatsapp)사용자 숫자는 약 4억 1천만 명이라고 한다.

중남미 사람들의 소셜미디어 사용시간은 세계적으로도 높은 수준에 있다. SNS 관리플랫폼업체 '홋스위트'와 영국 디지털마케팅업체 위아소셜(WeAreSocial)의 조사보고서 '디지털 2021'에 따르면, 세계 주요 46개국(참여연령 16세-64세)의 평균 SNS 이용시간은 2시간 25분인데, 동 조사에 참여한 중남미 국가들의 사용시간은 평균을 웃도는 시간을 소비하는

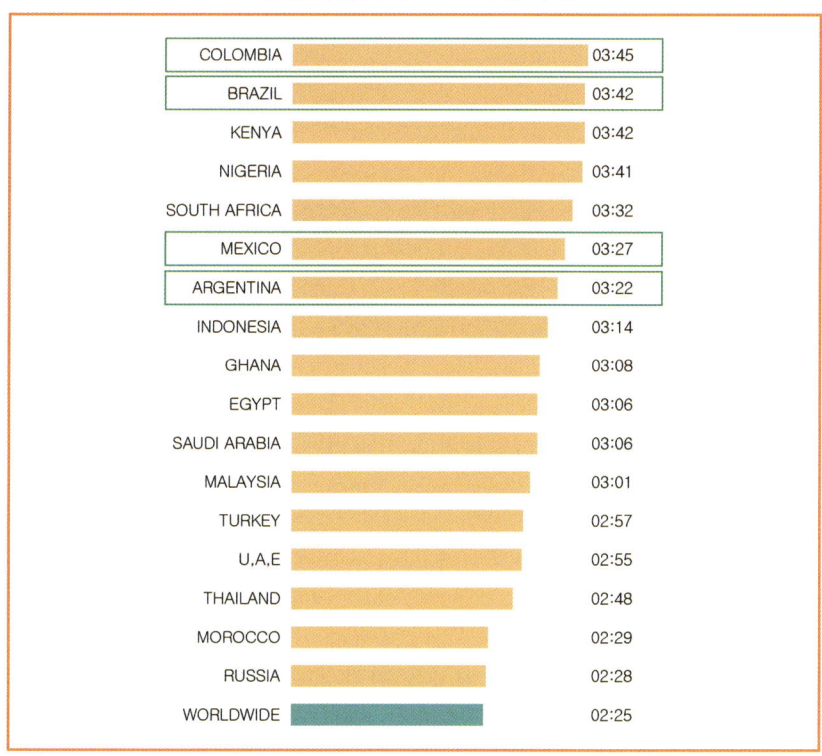

중남미인들의 SNS 사용시간

출처: Digital 2021

것으로 나타났다. 콜롬비아 3시간 45분, 브라질 3시간 42분, 멕시코 3시간 27분, 아르헨티나 3시간 22분이었다. 한국은 1시간 8분으로 조사되었다. 중남미 사람들은 우리나라 대비 3배 이상을 SNS에 사용하고 있다.

특히, 코로나 이후 사람들이 집에 머물고 대면 접촉이 줄어들면서 사회적 거리두기를 유지하면서 인간관계를 유지하는 수단으로 SNS의 중요성이 더욱 선명해졌다. 스타티스티카(Statistica)사의 설문조사 결과 성인의 35~52%가 소셜미디어를 통한 시간이 행복의 원천이라고까지 답하기도 하였다. 코로나 이후 선호도의 변화가 있었는데, 여전히 페이스북의 점유율이 1위이지만, 페이스북은 감소하는 반면, 인스타그램, 트위터, 특히 유튜브는 이용자 수가 빠르게 상승하고 있다.

북미 히스패닉계도 SNS활용 활발

북미의 히스패닉계 SNS 활용도는 높은 편이라고 한다. 히스패닉이 가장 많이 사용하는 플랫폼은 페이스북(78%), 유튜브(71%), 인스타그램(65%), 스냅챗(43%), 왓츠앱(41%), 핀터레스트(36%), 트위터(34%) 등이므로, 플랫폼마다 적절한 마케팅을 펼치는 것이 필요할 것이다. 코트라 조사보고서에 따르면, 히스패닉계 사람들의 모바일 및 SNS 플랫폼 활용이 증가하고 있으며, 다른 인종그룹에 비해서 모바일 마케팅 효과가 높다고 한다. 또한 SNS를 통해 새로운 제품이나 서비스 정보를 얻는데 열려있다. 또한 히스패닉계 사람들은 자신이 좋아하는 제품에 대해 적극적으로 경험을 공유하여 다른 이들의 구매에도 영향을 미치고자 한다. 시장조사기관인 닐슨(Nielson)에서 조사한 결과에 따르면, '좋아하는 기술이나, 전자기기를 발견했을 때 다른 사람들에게 추천을 하는가?'라는 설문에 그렇다는 대답이 여타 인종에 비해 매우 높음을 확인할 수 있었다. 이는 히스패닉계 사이에서는 입소문 홍보라고도 알려진 바이럴 마케팅(Viral Marketing)이 효과적인 수단이 될 수 있음을 알려주는 결과라 하겠다.

디지털 스킨십

중남미 사람들과는 대면관계와 스킨십이 중요한 요소라고 언급한 바 있다. 바이어 또는 협력관계에 있는 사람들과도 그런 관계를 구축해 나가면 좋겠지만, 거리상으로나 코로나 상황에서는 이마저도 쉽지 않다. 그리고 채팅앱을 통해서 업무상 진전과 상관없이 개인적으로 연락을 하는 것도 부담스러울 때, 페이스북이나 인스타그램과 같은 소셜미디어를 통한 관계 유지 방법을 추천한다.

바이어나 정부 또는 공공기관 사람과 미팅 후에 연락처를 교환하면서, 자연스럽게 SNS 계정을 물어보고, 친구신청을 하겠다고 하면 대부분 다 받아준다. 중남미 사람들은, 특히 코로나 이후에 자신의 일상을 자주 업로드하는데, 그때 '좋아요.'와 짧은 댓글을 열심히 달아주고, 생일이나 중요한 이벤트에도 축하나 위로의 글을 남기며 관계를 이어가면 대면 만남정도는 아니지만 상당히 친밀감을 쌓을 수 있다.

4. 화상회의 활용법

 코로나 이후 화상회의가 대세로 자리 잡았다. 대면을 중시하는 중남미에서도 2000년 이후 들어서면서 화상회의가 증가세를 보이고 있다. 프로스트앤드설리번(Frost & Sullivan)에 따르면, 2010년 중남미 화상회의장비 시장이 약 8천만 불이었는데, 2017년에는 3억불에 육박하는 매출을 올렸다고 한다.

 계속 변화하는 시장에서 적절한 의사결정을 적시에 내리기 위해서는, 원거리의 팀원, 파트너, 공급업체 및 기타 이해관계자와의 협업이 필요한 경우가 많다. 그러나 중남미 대도시들의 교통문제와 거리상의 문제로 물리적인 회의를 고집하는 것이 비효율을 낳는다는 인식이 확산되고 있다. 특히, 중소기업에서는 출장경비와 경영진의 이동시간을 절약할 수 있어 순익증가를 기대할 수 있게 되었다.

 2019년 코로나 팬데믹은 이러한 추세를 가속화, 일반화, 일상화시켰다. 가속화될 수 있었던 이유는, 다양한 화상회의 솔루션 개발을 통해 무료 또는 저가로 활용할 수 있게 되었기 때문이다. 기업뿐 아니라, 정부, 교육기관에서도 화상회의 솔루션을 회의, 강의, 세미나 등에 폭넓게 사용하게 되었고, 재택근무로 인해 화상회의 재택 참여가 일상화되면서, 예전에는 화상회의를 하더라도 격식을 차리며 참여했다면, 이제는 캐주얼한 복장으로 편하게 화상회의를 이용하게 되었다.

 중남미에서 가장 많이 사용되는 앱(APP)은 단연 줌(ZOOM)이다. 줌은 2020년 가장 많이 다운로드 된 화상회의 APP이다. 2020년 4억 7천만 번

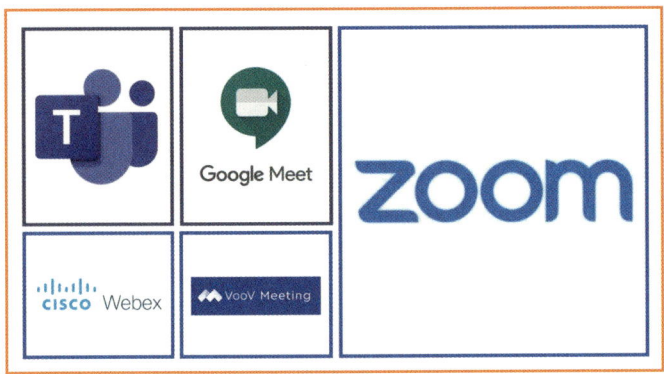

다운로드 되었고, 그 다음으로 Google Meet가 2억 7천 만회 다운로드 되었다. 중남미도 비슷한 추세이다. ZOOM, Google Meet를 주로 이용하고, Cisco, MicroSoft가 그 뒤를 따르고 있다. 중남미 바이어 중에서 중국과 거래를 하는 경우는 텐센트의 VooV를 사용하기도 한다.

다섯 가지 화상회의 꿀팁!

화상회의에 있어서 몇 가지 염두에 둘 것을 이야기해 보고자 한다. 첫째로 미팅 주선자를 정해라. 일단 초기 미팅을 할 경우는 한국 쪽에서 미팅 주선 및 관리를 담당하여 예약하고 예약내용을 전달하고, 미팅 하루 이틀 전에 재공지, 미팅 1-3시간 전에 재공지하는 것이 좋다. 대면 면담의 경우도 반드시 며칠 전, 몇 시간 전에 재확인이 필요하다.

둘째, 참가자 이름을 미리 확보하고 발음도 익혀놓는다. 중남미에서 이름을 부르는 것이 직책으로 부르는 것보다 일반적이다. 또한, 이름을 불러주는 것이 더욱 관심과 친근감을 느끼게 해 줄 수 있다. 스페인어 이름 발음을 미리 확인해서 가급적 영어식 발음은 삼가도록 한다. 구글 번역기나 네이버 스페인어 사전 등을 이용할 수 있다. 검색창에 이름을 쓰고 아래 듣기 버튼을 누른다. 요즘에는 음성인식기능이 상당히 좋아져서 발음도 정확한 편이다.

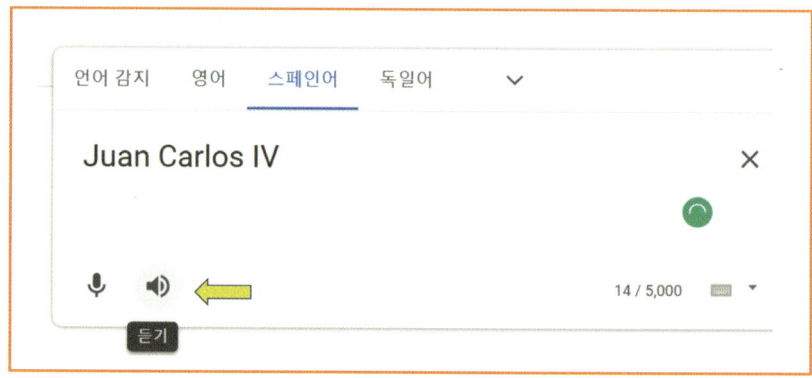

 세 번째, 회의내용을 기록 또는 녹음하여 공유하라. 보통 회사들은 회의록을 작성하여 보고한다. 중남미와 거래 시에는 회의록을 작성한 후에 공유하도록 한다. 그리고 회의 내용에 대해서 이견이 있으면 알려달라고 하고, 아니면 회의록에 동의하는 것으로 알겠다고 이야기해 놓는 것이 좋겠다. 필자도 현지 기업이나 정부기관과 면담 후에는 이를 함께 확인하는 회의록을 보내곤 했다.

 또한, 화상회의 앱에는 녹화기능이 있는데, 이를 활용하는 것도 좋을 것 같다. 녹화의 경우 다른 사람의 동의를 받게 되어, 녹화된 내용이 이후에 증거로 활용될 수 있다.

네 번째, 미리 질문할 것을 준비한다. 이건 어느 미팅에서나 기본적으로 준비해 가야하는 것이다. 단, 준비할 때는 질문에 따라 다르겠지만, 주관식도 객관식처럼 준비해서 답을 얻을 수 있도록 하면 좋을 것 같다.

 다섯 번째, 카메라 배치와 배경화면에 신경 쓰자. 우선 카메라 배치가 중요한데, 요즘 노트북을 많이 사용하니 올려다보는 식으로 보이게 된다. 노트북이나 데스크탑의 카메라를 눈높이에 맞추거나 약간 높게 하는 것이 좋겠다. 또한, 조명도 밝게 해서 얼굴이 그늘져 보이지 않게 하고, BB크림을 바르는 것도 추천 드린다. 배경화면을 밝으면서도 인상적으로 준비하는 것이 좋다. 미팅 업체 로고나 일시를 적는 것도 방법이 될 것이다. 이런 것은 각 회사별로 창의적으로 맞는 방식을 찾아보면 좋겠다.

5. 변치 않는 비언어요소의 중요성

라틴아메리카에서는 소통에 있어서 비언어 요소가 더욱이 중요하다. 그 이유는 중남미도 우리와 같이 고맥락 문화에 속하기 때문이다. 먼저 커뮤니케이션의 기반이 되는 '메라비언의 법칙'(The Law of Mehrabian)으로 이야기를 시작해 보도록 하겠다. 캘리포니아대학교(UCLA)의 '앨버트 메라비언'(Albert Mehrabian)이 '침묵의 메시지'(Silent Messages)에서 소개한 커뮤니케이션 이론이다. 사람들의 대화를 관찰하여, 상대방에 대해 호감을 느끼는 순간과 첫 대면시 첫인상을 결정하는 요소를 분석하였다.

연구결과, 소통에서 가장 결정적인 요인이 상대방의 말의 내용이 아니라는 것을 알게 되었다. 상대방의 호감을 결정하는 것은 '시각요인'(Visual)

메라비언의 법칙 - 의사소통 결정 요인

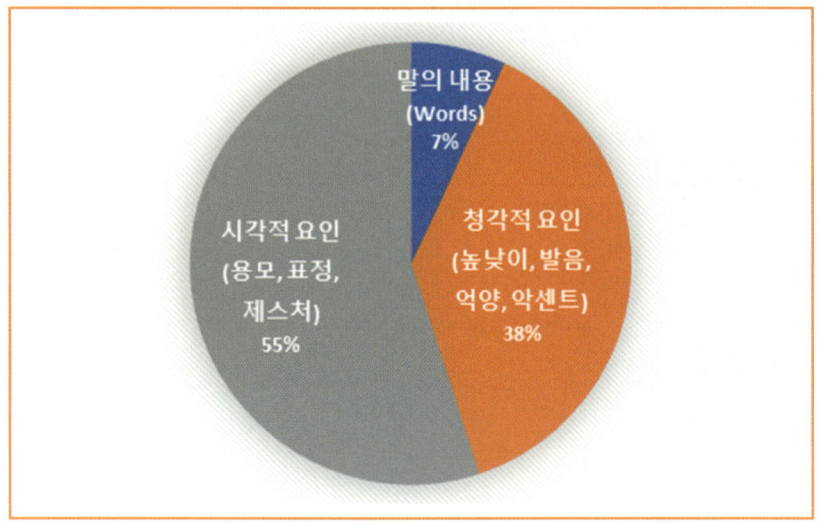

55%, '청각요인'(Vocal) 38%였으며, '내용'(Verbal)은 7%에 불과함이 밝혀졌다. 전화로만 이야기할 때에는 '청각언어'의 중요성이 82%까지 올라갔다. 시각적인 요인으로는 용모와 표정, 제스쳐 등이다. 청각적인 요인은 발음, 높낮이, 억양 등이 있다. 이 연구 결과는 우리의 얼굴표정, 바디랭귀지, 목소리 등의 비언어적 요소가 커뮤니케이션에서 매우 중요하게 작용한다는 것이다. 달리 말하면 언어의 의미도 비언어적인 요인에 따라 다르게 받아들여질 수 있다는 것이다. 한국어라고 해도, 말의 톤과 표정에 따라서 받아들여지는 것이 다른데 중남미 사람들과의 소통은 더욱 신경 써야 할 부분이다. 한국 사람들이 중남미 출장을 오거나, 중남미 바이어들이 방한하여 면담을 하는데 이때 한국식으로 해서 바이어들의 오해를 받을 때가 있다.

1) 목소리와 톤

우리가 스페인어로 이야기하든 영어로 이야기하든 외국어이기 때문에 교포가 아닌 이상 완벽할 수 없다. 그것을 서로 감안하고 듣기 때문에 언어가 유창하지 않더라도 고민하지 않아도 된다.

목소리 톤의 경우는 캐주얼한 자리에서는 약간 높여서 이야기하는 것이 좋다. 중남미 사람들은 표현이 풍부한 사람들이기 때문에 텐션을 높여서 '와우' '원더풀' '무이 비엔(Muy bien: Very good)'과 같은 표현으로 조금 과하다 할 정도로 호응해 주는 것이 좋다. 회의에서는 목소리는 좀 낮은 음성으로 천천히 말하고, 강조할 부분은 톤을 높여서 이야기하면 된다. 평소에 복식호흡을 연습하고 자신의 음성을 녹음해서 들어보면서 발음을 교정해 나가는 것을 추천 드린다. 중남미 사람들이 평소에는 말이 빠른 편이지만, 공식 회의에서는 비교적 천천히 말하는 편이고, 우리도 천천히 명확한 의사전달을 하는 것이 중요하다.

2) 눈맞춤

한국인이 어려워하는 것 중의 하나가 눈을 맞추는 것이다. 반면 중남미 사람들은 이야기 할 때 눈을 쳐다보며 이야기한다. 시선을 피하면 오히려 무언가 숨기려고 하는 것으로 오해를 받을 수 있다. 우리나라는 윗분과 이야기할 때 눈을 쳐다보는 것이 예의가 아니라 생각하고 시선을 피하는데, 중남미는 반대이다.

어떤 경우에는 중남미 사람들이 상대의 마음을 읽기 위해서 눈을 빤히 쳐다보는 경우도 있는데, 불편해 하지말고 조금씩 눈을 맞추면서 이야기를 차분히 이어나가면 된다.

그럼 계속 눈을 쳐다보고 있기가 어려우니, 여기에 폴렛 데일(Paulette Dale)이 '대화의 기술'에서 이야기한 상대의 눈을 쳐다보는 '4초의 효과'를 적용해 본다.

4초 동안 상대방의 한 쪽 눈을 쳐다본다.
4초 동안 상대방의 나머지 한쪽 눈을 쳐다본다.
4초 동안 상대방의 얼굴 전체를 쳐다본다.
4초 동안 상대방의 코를 쳐다본다. 그 다음 턱, 이마 순으로 각 각 4초씩 쳐다본다.

4초 동안 상대방의 눈을 한 쪽씩 번갈아 쳐다본 다음, 얼굴 전체, 코, 이마, 턱 순으로 4초씩 쳐다본다.

연습하지 않으면 이렇게 하는 것도 쉽지는 않지만, 한번 노력해 보자. 그러면 시선 처리에서 조금은 편안해질 수 있을 것이다.

3) 미소와 표정

한국인에게 쉽지 않은 것 중의 하나가 바로 얼굴표정을 짓는 것이다. 사실 나도 그냥 무표정하게 있을 때가 많아서 회사동료나 학교 친구들이 무슨 일 있냐고 한 적이 자주 있었다. 중남미 사람들이 한국에 와서 놀라는 많은 것들 중 하나가 바로 무표정한 얼굴이라고 하니, 우리도 이 기회에 거울을 보고 미소를 지어보면 어떨까 한다. 표정은 우리의 감정을 복합적으로 나타내고, 상대는 자신을 어떻게 대하는지를 표정으로 판단한다. 물론, 치열한 협상이나 이해관계 충돌로 싸워야 할 때는 표정에서 미소가 나오지 않겠지만, 그렇지 않은 경우, 바이어를 만났을 때 우리 회사와 제품을 소개할 때 자신감 있으면서 미소를 띤 얼굴을 하는 것이 좋다.

가끔 거울을 보고 웃는 연습을 해보고, 얼굴 근육을 어떻게 움직일 때 어떤 표정이 나오는지 파악을 해보면 좋을 것 같다. 웃음과 미소는 만국 공통의 언어이다.

단, 절제가 강한 문화권에서는 초면에 잘 웃으면 도리어 의도를 의심받을 수도 있다. 그러므로 문화권에 따라서 적절하게 하되, 중남미는 외향적인 성향이 강한 편이므로, 현지인의 표정에 맞춰서 함께 미소를 짓도록 하면 좋을 것이다.

4) 몸짓

몸짓은 문화마다 다른 의미를 가질 수 있어, 오해가 생길 수 있으니 주의해야 한다. 예를 들어, OK사인이 미국이나 유럽에선 OK를 의미하지만, 브라질에서는 성적인 의미를 가지고 있고, 우리나라에서는 돈이라는 의미로도 사용된다. 사실 이런 지역별로 다양한 제스쳐와 다른 의미가 있으니, 이를 다 숙지하기는 어렵다. 그러니, 그 나라에 가서 사람들의 손짓을 관찰해보고, 함께 한 현지인에게 의미를 물어보는 것을 추천해 드리고 싶다.

소통에서는 만국 공통 제스쳐가 있다. 그것은 상대의 이야기를 경청하면서 고개를 끄덕이는 것이다. 그리고 주위를 흩트리는 행동을 하지 않는다. 말을 하면서 적절한 손짓을 하는 것도 좋다. 상대가 이야기할 때, 가급적 의자 등받이에 기대지 말고, 상체를 상대방 쪽으로 약간 기울인다.

5) 용모와 냄새

일단 바이어들이나 첫 공식 미팅에는 정장이 가장 무난하다. 그런데, 한국에서는 여름에 반팔 와이셔츠를 입는데, 중남미에서는 가급적 입지 않도록 한다. 정장 색깔을 너무 밝게 입기는 어려우니, 넥타이 와이셔츠를 좀 밝은 것으로 하는 것도 좋을 것 같다.

냄새도 민감한 부분이다. 한국인 특유의 냄새가 있다고 하는데, 그래서 미팅 전에는 가급적 마늘향이 강한 한식을 먹지 않고, 반드시 양치를 하고, 가글도 한다. 필자는 사무실에 향수를 가져다 놓고, 외국인 손님이 오실 때는 살짝 뿌리곤 했다.

 지금은 코로나로 스킨십이 전과 같지는 않지만, 보통 남자들과도 악수를 하거나 이야기할 때도 가까운 거리에서 하며, 이성간에는 볼키스를 하는 경우도 있으니 주의 한다.

6) 상대와의 거리

 상대방과 물리적인 거리를 얼마나 둘 것이냐 하는 것이 문화마다 다르다. '거리두기'를 관계의 친밀도를 측정하는 척도로 사용되기도 한다. 위에서 언급한 미국의 문화인류학자 에드워드 홀(Edward Hall)은 사람간의 거리와 공간을 4가지로 구분을 하였다.

에드워드 홀의 4가지 인간관계 거리 구분

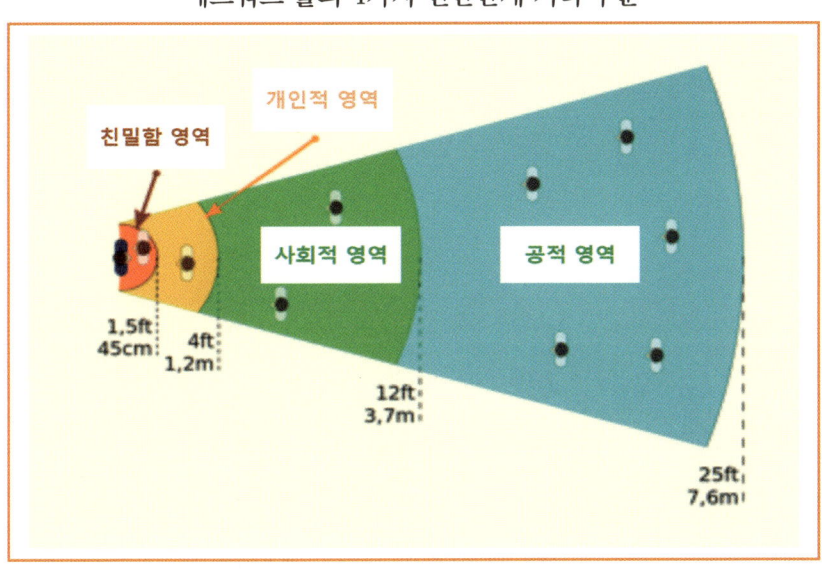

a. 친밀함 영역(Intimate Zone)

45cm 이내의 거리로, 숨결이 느껴지는 거리이다. 연인이나 가족처럼 친밀도가 높은 관계의 거리이다.

b. 개인적 영역(Personal Zone)

45cm~1.2m 거리로, 팔을 뻗었을 때 닿을 정도의 거리이다. 가까운 친구나 각종 사교모임, 직장에서 동료와 떨어져 있는 거리이다. 타인과 편안하게 이야기하고 감정을 확인할 수 있는 거리이다.

c. 사회적 영역(Social Zone)

1.2m~3.6m 거리로, 보통 목소리로 말할 때 들을 수 있는 거리이다. 낯선 사람이나 배달원 등 잘 모르는 사람과 유지하는 거리이다.

d. 공적 영역(Public Zone)

3.6m~9m 거리로, 위협을 받을 경우 피할 수 있는 거리이다. 목소리를 높여서 이야기해야하는 거리이며, 몸짓 등 비언어적 커뮤니케이션으로 의사가 전달된다. 교사가 학생들에게 강의를 하거나, 많은 사람들 앞에서 연설 또는 공연을 할 때의 거리이다.

여기서 중요한 것은, 각 영역의 거리가 문화권별로 국가별로도 차이가 있다는 것이다. 에드워드 홀에 의하면, 미국사람들은 50cm 정도를 중남미 사람들은 36cm 정도를 편하게 여긴다고 한다. 한국은 북미와 중남미의 중간정도에 있다고 한다.

중남미에서 친구나 동료와 대화를 하다보면, 생각보다 너무 가까이 다가

와서 부담스러울 때가 있는데, 중남미로 간 지 얼마 되지 않았을 때는 무의식적으로 뒷걸음질 친 적도 여러 번 있었다. 그리고 리셉션과 같은 사교행사에서도 중남미 사람들은 너무 가까이 와서 이야기하고, 어쩔 때는 악수한 후 팔뚝을 잡고 이야기하기도 한다.

 홀은 미국과 중남미 사람들과 같이 친밀한 영역과 개인적 영역의 거리차이기 많이 나는 경우, 영역의 거리가 긴 문화권 사람들은 책상크기나 컴퓨터 등을 이용해 나름대로 거리를 두려는 노력을 한다고 한다. 그러나 중남미 사람들과 같이 거리가 가까운 사람들은 자신이 편한 방식대로 거리를 좁히려는 노력을 하는 가운데 미묘한 긴장감이 생기기도 한다.

 상대와의 거리문제는 사실 조심해야할 부분이다. 괜히 이성간에 오해를 일으킬 수 있는 부분이고, 내 영역을 침범하는 적대적 행동으로 받아들일 수도 있다. 또한, 너무 거리를 둘 경우 상대는 자신을 거절하는 것으로 생각할 수 있다. 이런 문제에 대해서 필자의 개인적인 규칙이 있었다. 선택은 독자분들의 몫이다.

 첫째, 가끔 만나는 사람과의 거리
 외부 기업 또는 상대 기관 사람들과 같이 가끔씩 만나는 관계일 경우는 상대가 다가오는 거리만큼 받아들이는 것이다. 더 가까이 갈 필요는 없다. 상대가 악수 정도만 하면, 악수까지 하고, 상대가 포옹을 하며 인사하면, 나도 포옹하면서 인사하는 정도로 한다.

둘째, 일상적으로 만나는 사람과의 거리

이는 같은 직장에서 일하는 사람들이거나 학교에서 만나는 사람들이다. 현지인들은 일상적으로 만나는 관계일 때는 더 편하게 다가온다. 그냥 책상 반대편에서 설명해도 되는 것도, 옆으로 가까이 와서 이야기하기도 한다. 여기에도 위에서와 같이, 상대가 다가오는 거리 이상 가까이 가지 않고 유지하되, 조직 내 이문화 교육에서 한국 사람들은 목례, 고개를 숙여 인사하거나 악수하는 것으로 상대의 존중을 표시한다고 이야기하면 거리 문제로 불편을 겪을 일은 없었던 것 같다. 특히, 한국인 남자들이 실수하는 부분이기도 한데, 현지인 여성이 일상적으로 인사하며 다가가는 이상으로 먼저 거리를 좁히지 않는 것이 좋겠다.

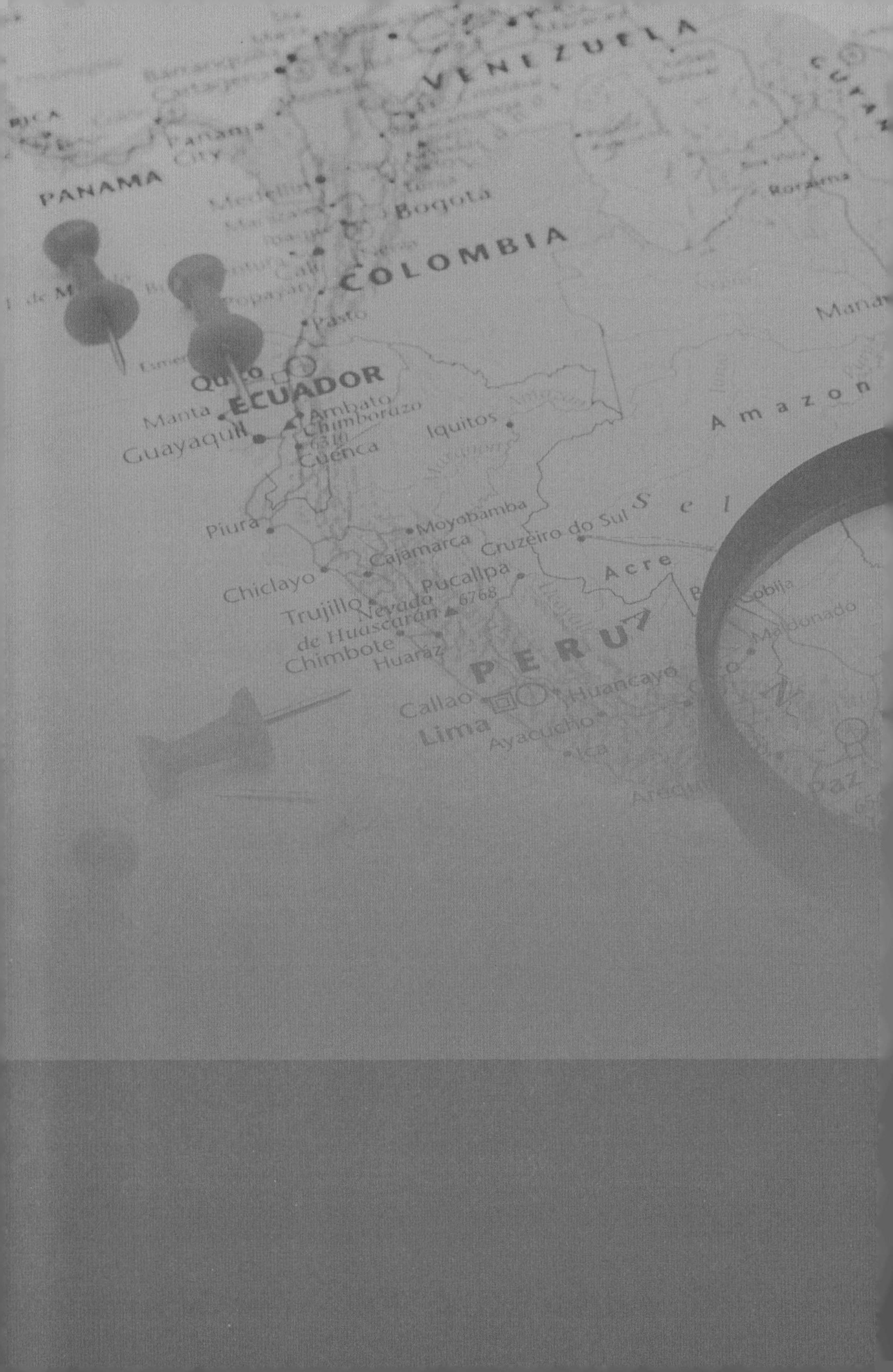

VENEZUELA
PANAMA
Panama City
Bogota
COLOMBIA
Pasto
Quito
ECUADOR
Manta
Ambato
Chimborazo
Guayaquil
Cuenca
Iquitos
Amazon
Piura
Moyobamba
Cruzeiro do Sul
Cajamarca
Chiclayo
Acre
Pucallpa
Trujillo
Nevado de Huascarán
6768
Chimbote
Huaraz
Cobija
PERU
Callao
Huancayo
Lima
Ayacucho
Ica

재미있는 중남미·
비즈니스 Q&A

5

제 5부. 재미있는 중남미·비즈니스 Q&A

이번 장에서는 중남미를 소개하는 세미나 또는 책에서 자주 언급되는 질문에 대한 답을 개인적으로 드려보도록 하겠습니다.

1. 중남미 직원들은 '잘못했다.'는 말을 정말 안하나요?

 일단, 답을 먼저 드리겠습니다. '아닙니다.' 잘못했을 때 잘못했다고 인정하기도 합니다.

 이 질문은 중남미에 주재원 등의 관리자 직급으로 가신 분들이 자주 하는 이야기입니다. 비단 조직 내에서의 관계에서 뿐 아니라, 서비스 공급자와 수요자 간에도 일어납니다. 예를 들어 인터넷 설치기사가 무언가 잘못을 해도 잘 인정하지 않습니다. 이런 유사한 사례들 때문에 해외의 한국 분들은 물론 저도 마음 상하고 화난 적이 많았습니다. 어떤 한국인 관리자가 화를 참지 못하고 직원에게 소리를 지르거나 폭력을 행사하는 경우도 발생하여 언론에 보도된 적도 있었습니다.

 그 이유에 대해서는 여러 설명이 있습니다.

 첫 번째는, 용서 문화의 부재입니다. 일단 스페인 식민지 시절에 잘못을 인정하면 정직하다고 칭찬받는 것이 아니라, 더 큰 벌을 받았다는 이야기가 있습니다. 이것도 어느 정도 일리 있다고 생각이 듭니다.

 필자가 유학을 위해 중남미에 가서, 경제적인 이유로 아르바이트를 한 적이 있었습니다. 전자상가와 같은 곳이었는데 그곳에서 총무 회계업무 보조를 담당하여 현지인들과 함께 일을 했습니다. 현지인 동료가 분명히 실수했고 그것 때문에 한국인 상사로부터 혼나게 되었습니다. 그러나 현지인 동료는 끝까지 잘못을 인정하지 않는 것입니다. 한국인 상사 분은 심증은 있으나 물증이 없어 화만 내시고 이야기를 끝내셨습니다.

　이후에 제가 그 동료와 밖에서 커피 한잔 하면서 이야기를 했습니다. 제가 그 친구의 실수를 안다는 사실을 알고 있었기 때문에, 제게는 인정을 했었습니다. 제가 '그냥 잘못을 인정하면, 거기서 끝나고 용서해 줄 것이고, 다시 일 열심히 하면 되는데, 왜 인정을 하지 않느냐고' 물어봤습니다. 자기는 책임질 가족이 있는데 잘못을 인정하면 해고당할까봐 두려워서 그랬다는 말에 저는 많이 놀랐습니다.

　교육수준이 높은 친구가 아니었기 때문에, 작은 잘못이 해고사유가 되지 않는다는 것을 아는지 모르겠지만, 해고까지 두려워하고 있었다는 것은 생각지도 못했습니다. 이에 제가 '한국에서는 잘못을 솔직하게 인정하는 것을 정직하다고 더 높이 평가하고, 그러면 다 용서하고 다시 기회를 준다.'고 이야기해 주었습니다. 그 말을 완전히 믿었는지는 모르겠지만, 사람은 누구나 잘못하고 실수하는데 용서받고 용납 받은 경험이 없다는 것에 마음이 좀 서글프기도 했습니다.

　두 번째는 체념의 문화입니다. 이는 숙명론과도 연결이 됩니다. 미래의 일은 자기 자신보다는 외적인 일에 의해 결정이 된다고 믿는 것입니다. 직장 내 문제에 대해서 자기 자신이나 내부에서 원인을 찾기 보다는 외부요인을 찾으려는 경향이 강합니다. 그래서 자신의 잘못 또는 실수에 대해서, 또는 누구의 잘못도 아니고 그냥 벌어진 일임에도 자기 방어 차원에서 외부요인을 언급하는 경우도 있습니다. 중남미에서 '종속이론'이 제기된 것에는 이런 관점이 영향을 주었을 것으로 생각이 듭니다. 내부요인과 외부요인은 항상 충돌하기 마련이고, 결국은 이를 잘 판단하여 균형을 이루는 것이 중요할 것 같습니다.

세 번째로는 신뢰와 관계의 문제입니다. 잘못을 인정하지 않는 모습은 우리나라에서도 많이 볼 수 있습니다. 예를 들어, 어떤 불미스런 사건을 조사하기 위한 청문회에 나온 증인들이 '기억이 나지 않는다.', '잘 모르겠다.', '아닙니다.'라고 이야기하는 것을 자주 보셨을 겁니다. 그들은 자신의 발언으로 인해 지게 될 법적 책임을 회피하기 위해서 그렇게 이야기를 하는 경우도 많습니다. 중남미에서 직원들이 부인하고 모른다고 할 때, 현지인 직원들이 생각하는 상사와의 관계는, 청문위원과 증인과의 관계와 같이 인식하기 때문일 수도 있습니다. 물론 한국인 상사는 다르게 생각을 했을 것입니다. 잘못한 것을 지적해서 이후에는 동일한 잘못을 하지 않도록 하는 의미가 더 클 수 있다고 생각합니다. 그런데, 그런 진심이 받아들여지려면 이전에 신뢰관계가 구축되어야 합니다.

위의 질문에 대해서 저는 중남미 직원들도 잘못을 인정하고 용서를 구할 수 있다고 답을 드렸습니다. 직원들이 잘못에 대한 지적이 비난과 처벌을 위함이 아니라, 문제를 해결하고 일을 더 잘하기 위한 것임을 공감하도록 알려주고 기다려주는 것이 필요합니다. 저는 개인적으로 한 2년 정도 걸렸던 것 같습니다. 그 후에는 직원 스스로 실수나 잘못을 인지하면 바로 와서 이야기하고 함께 해결했던 기억이 있습니다.

한 가지 첨언 드리고자 합니다. 일단 직원을 잘 관찰해서 성실한지 믿을 만한 사람인지 판단하고 결정을 내린 후에 이야기를 경청해 주는 것이 중요한 것 같습니다. '경청'편에서 말씀드린 것과 같이 직원의 이야기를 잘 듣고, 반영하기로 결정했으면 결과에 대한 책임을 묻지 말아야 합니다. 그러나 반드시 Plan B를 만들어 놓는 것이 좋습니다. 직원이 상사와 다른 의견을 제시한 것만으로도 큰 용기입니다. 그런데 이후에 직원의 제안대로 작동하지 않아서 일이 틀어질 경우, 절대로 직원에게 책임을 돌려선 안 됩니다. 그러는 순간 자기 의견은 숨긴 체 상사의 지시에만 따르는 Yes맨이 되어 버립니다. 혹시, 실수나 잘못했을 때, 직원이 '죄송합니다.'라고 표현하는 것은 이미 신뢰한다는 의미입니다.

 그리고 한 가지 유념해야 할 것은 중남미는 집단주의 문화가 강하다는 것입니다. 집단주의가 강한 문화권에서는 '죄책감'보다는 '수치심'이 더 강하게 작용합니다. 단체의 잘못을 이야기 하는 것이 아닌, 특정인에 대한 지적을 다른 직원들이 있는 곳에서 하면, 다시는 관계 회복이 어려울 수 있습니다. 우리나라와 같은 장기지향 문화권은 상사와의 관계에서 장기적으로 고려해서, 모욕도 참는 경우가 있지만, 단기지향 문화권에서는 지금의 상황과 지금의 관계가 중요합니다.

 제 답변을 일반화하지는 않겠습니다. 우리나라에도 다양한 사람들이 있듯이, 중남미에도 다양한 사람이 있습니다. 성격적으로 문제가 있는 경우도 있고, 과거의 부정적인 경험이 해결되지 않고 타인과의 관계에 영향을 미치는 사람도 있을 것입니다. 일단은 현지 문화에 대한 이해를 가지고 한 사람 한 사람 관심을 가지고 관찰을 해보면 답을 찾을 수 있을 것이라 생각합니다.

2. 왜 항상 인내하라고 하나요?

 중남미 진출 세미나에 가면 연사들이 항상 하는 말이 있습니다. 바로 인내심을 가지고 기다리라는 말입니다. 중남미 사람들의 시간관념, 관료제 등의 예를 들면서 도리어 중남미 사람들에 대한 부정적인 인식만을 남겨주는 것을 보게 됩니다. 그리고 반복적으로 답 없는 문제를 풀게 되거나, 어떤 상황에 대해서 설명이 주어지지 않으면 무기력감만 생기게 됩니다.

 그래서 나중엔 가능성 있는 문제임에도 해결해 볼 시도조차 하지 않게 됩니다. '어차피 중남미는 어려워.'라는 생각에 미리 압도되어 시도조차 하지 못합니다.

 그럼 왜 시간이 걸리는지, 일부러 시간을 끄는 것인지, 원래 게으른 것인지, 그렇다면 언제까지 인내하며 기다려야 하는지, 혹시 관료제적인 요소로 어딘가 걸려있다면 이것은 어떻게 풀어야 하는지 말씀드리겠습니다.

 첫째, 상대방이 믿을 수 있는 사업 파트너인지를 확인하는 시간을 갖는 것입니다. 그래서 공식적인 미팅과 함께 사적인 시간도 함께 하면서 테스트하는 것이라 볼 수 있습니다. 사실 중국도 비슷한데, 사람은 시간을 두고 봤을 때 진가가 나오기 때문에 급한 건이 아닌 이상 지켜보고 신뢰할 만하다고 판단되었을 때 거래가 개시될 수 있습니다. 중남미 바이어들은 일단 신뢰관계가 형성이 되면 거래처를 잘 바꾸지 않는 경향이 있습니다. 필자도 자동차 부품 무역을 해 본 적이 있는데, 이번 코로나 사태에서 새로운 거래선 발굴을 위해 다양한 수입상들을 접촉했었습니다. 그중, 한 바이어의 회신 메일이 아직도 기억에 남습니다. 이들은 어려울 때 더 싼 가격을 오퍼하는 새로운 공급선을 찾기 보다는, 그동안 거래해온 오랜 파트너와 함께 위기를 헤쳐 나가기를 원하는 것 같았습니다. 물론 이것도 100% 일반화 하기는 어려울 것이라 생각합니다. 그 회신 메일을 공유해 드립니다.

' --- 님께
안녕하세요.
귀사에서 보내주신 메일과 제품정보 잘 확인했습니다. 좋은 제품 소개 해 주신 것 감사드립니다. 요즘 코로나로 모두가 상황이 어렵습니다. 저희도 매출에 큰 영향을 받고 있습니다.
저희는 귀사 제품과 같은 종류를 취급하는 오랜 파트너가 있습니다. 지금과 같은 어려운 시기에는 기존 거래선에서만 수입을 하고 있고, 신규 거래선 발굴은 미루고 있습니다.
상황이 나아지면 다시 귀사 제품을 검토해 볼 수 있도록 하겠습니다.
그럼 항상 건강하시기 바랍니다.
OO로 부터'

두 번째는, 제품에 대한 신뢰성 확인입니다. 초기에 소량 오더로 시작한 다고 하는데, 이는 바이어 입장에서도 제품과 서비스가 필요한 기능을 구현하는지에 대한 테스트가 필요하기 때문입니다. 제품에 따라서 한국과 기후가 다르고, 인종과 생활 습관, 전력을 사용하는 경우 전력 품질, 인터넷 속도 차이 등으로 현지에서도 다양하게 테스트를 할 필요가 있습니다.

세 번째는 시장성 부문입니다. 신제품이자 새로운 브랜드이기 때문에 반드시 시장성 확인이 필요합니다. 중남미 시장을 한국에서는 신시장이라고 하지만, 미국과 유럽 입장에서는 이미 구시장입니다. 그만큼 시장 성숙도가 높다는 것입니다. 중남미 사람들은 이미 미국과 유럽 제품에 익숙해져 있기 때문에, 품질에 대한 민감도도 높은 편입니다. 물론, 빈부격차 등으로 인해 중국산 저가 제품에 대한 수요가 높은 것은 사실이지만, 우리 제품이 포지셔닝을 할 때는 일반적으로 경쟁상대보다 저가 제품이 아닌, 고품질의 중간 가격으로 들어가기 때문에 품질과 브랜드에도 신경을 써야 합니다.

네 번째는, 주로 중견기업이상의 대기업과 외국계 기업의 경우 내부 프로세스가 길어지는 경우가 있습니다. 이것은 일단 2009년 코트라에서 발간한 자료 '중남미 주요 기업의 구매조직(디지털자료)'을 참고하는 것을 추천드립니다. 인터넷 검색엔진에서 자료명을 입력하면 디지털 자료로 다운받을 수 있습니다. 이중 멕시코 편을 제가 작성했습니다.

여기서 중요한 것은 핵심인물을 찾아내는 것입니다. 이들에게 아무리 '콜드메일(Cold Mail)'을 보내봤자 답은 잘 오지 않습니다. 필자도 한번 통화하기 위해서 20번 이상 전화를 시도했었습니다. 이후 반드시 얼굴을 익혀야 합니다. 방문을 하든, 전시회를 통하든 얼굴을 익히고 이야기를 해야 제품을 소개할 시간이라도 얻을 수 있습니다.

가장 좋은 것은 실무자를 넘어 결정권을 가진 상급자나 오너를 만나는 것인데, 이를 위해서는 다양한 인맥을 모두 동원하는 것이 필요합니다. 필자의 경우 개인적으로나 조직에서의 인맥으로도 선이 닿지 않을 때에는 상공회의소 행사에 참석하거나, 각 산업협회를 통해서 필요한 미팅을 잡곤 했었습니다.

3. 이웃나라들과 사이는 어떤가요? 무엇을 주의해야 할까요?

처음 중남미 사람들과 만나는 분은, 이웃나라 이야기는 부정적이든 긍정적이든 하지 마시고, 역사적인 슬픔이 있는 주제는 믿는 사이가 되기 전까지는 이야기 하지 않는 것이 좋겠습니다.

중남미 국가들은 독립 이후에도 단순한 정치적 갈등 이상의 무력 충돌, 전쟁을 겪었습니다. 멕시코와 과테말라, 콜롬비아-페루, 페루-에콰도르, 칠레-페루/볼리비아, 파라과이-아르헨티나, 우루과이, 브라질, 볼리비아-브라질, 볼리비아-파라과이, 온두라스-엘살바도르, 온두라스-니카라과, 베네수엘라-콜롬비아, 아르헨티나-브라질 등이 전쟁을 겪은 적이 있습니다. 현재는 우호적으로 잘 지내고 있다고 하더라도, 내적으로는 경쟁심이 있습니다. 침묵이 가장 좋은 전략인 것 같습니다. 어느 한국인이 아르헨티나에서 브라질에 대해 좋지 않게 이야기한다면, 아르헨티나 사람들은 '이 한국인이 브라질에 가서는 아르헨티나에 대해서 이야기하겠구나' 라고 생각할 수 있습니다.

각 나라별로 아픈 손가락 같은 이야기들이 있습니다. 칠레의 피노체트 군사독재시기, 콜롬비아의 마약이야기, 멕시코의 마약조직과의 전쟁, 베네수엘라의 경제위기 등 부정적인 이야기를 뉴스를 통해 접하셨겠지만, 현지인이 먼저 꺼내지 않는 한 이야기하지 않는 것이 좋겠습니다.

삼국동맹전쟁(Guerra de la Triple Alianza)/파라과이 전쟁(1864-1870)

출처: Notimérica

　파라과이와 브라질/아르헨티나/우루과이 사이에 벌어진 전쟁으로, 라 플라타(La Plata)강 유역에 대한 경쟁으로 발발하였다. 중남미에서 가장 참혹한 전쟁으로 기록되고 있다. 전쟁결과 파라과이가 패배하여 많은 영토를 잃었으며, 전쟁 전 45-50만으로 추산된 인구가 전쟁 후 15-16만 정도로 감소했다고 알려지고 있다. 인구 60-70%가 사망했고, 이후 남녀비율은 지역에 따라 1:4에서 1:20인 지역도 있다고 한다.

4. 중남미 바이어들이 신용장(L/C), 추심(D/A, D/P)은 선호하지 않고, 송금(T/T) 방식을 선호한다고 하는데 왜 그런가요?

코트라나 여러 시장조사 기관에서 현지 거래관습을 이야기 할 때 매번 등장하는 결제조건에 대한 이야기입니다. 일단 신용장은 수수료가 높습니다. 또한, 준비할 서류들이 많고, 일정 기간 자금이 묶여있어야 하므로 선호하지 않습니다. 또한, 재무상태가 노출되는 것에 대해 거부하는 것도 있습니다.

사실 신용장을 선호하지 않는 것은 중남미의 특성이라기보다는, 현재 무역에서의 일반적인 경향이라고 보는 것이 좋을 것 같습니다. 수출과 수입에 있어서 신용장(L/C), 추심(D/A, D/P)방식은 감소하고 있고, 송금(T/T) 거래방식이 증가하고 있습니다. 우리나라도 외환위기 직전인 1997년에는 신용장 이용 비중이 86%였습니다만, 2004년에는 21%수준으로 떨어졌습니다. 반면, 송금 이용비중은 50%를 넘어서고 있습니다. 특히 송금방식 활용도가 높아진 이유는 중남미 시장을 두고 여러 국가들 간의 경쟁이 심해지면서 주도권이 수입자에게 넘어간 것과 수출자 입장에서도 인터넷의 발달로 기업정보 입수가 용이해진 것을 들 수 있습니다.

바이어가 송금방식을 원한다면, 신용장 방식을 무리하게 요구하는 대신, 코트라를 통해서 바이어에 대한 신용위험을 회피할 수 있도록 조사서비스를 이용해 볼 수 있습니다. 또한, 무역보험공사의 수출보험 부보를 강력히 권해드립니다.

5. 중남미는 모두 축구를 좋아하나요?

중남미하면 축구를 빼놓을 수 없습니다. 스포츠는 대부분 인기가 있으니, 처음 사람들을 만났을 때 아이스브레이킹을 위한 좋은 주제이기도 합니다. 쿠바와 도미니카에서는 야구도 인기가 높습니다. 또, 안데스 지역의 경우는 좁은 공간에서도 할 수 있는 배구도 인기가 좋습니다.

그럼 잠시 축구 이야기를 더 해보겠습니다. 중남미에 최초로 축구가 들어오게 된 계기는 19세기 아르헨티나와의 무역을 위해 들어온 영국 선원들에 의해서라고 알려져 있습니다. 이들은 정박 후 하역하는 동안 부두에서 축구를 하며 놀았다고 합니다. 그러나 중남미 최초의 축구 클럽은 페루 리마의 영국인 커뮤니티에서 1859년 결성된, Lima Cricket & Football Club입니다. 이 클럽이 이후 페루 축구리그 창설에 큰 역할을 하였습니다.

초창기 축구는 상류층 중심으로 확대되었습니다. 선수들도 대부분 상류층 출신이었습니다. 이들은 축구를 지도력 함양을 위한 교육수단으로 활

Lima Cricket & Football Club

용했습니다. 축구가 도입된 지 50년이 지난 후에야, 중산층과 하류층에도 축구가 넓게 전파되었습니다. 그 다음부터 대부분의 선수는 중산층과 하류층 서민으로부터 나왔다고 합니다. 물론 구단주는 여전히 상류층이 차지하였으나, 1930년대부터는 대중 축구클럽이 다수 등장하게 되었습니다.

 이후 축구는 중남미를 상징하고 사회를 들여다보게 해주는 거울이 되었습니다. 사회적인 억압이 축구를 통해 분출되기도 하고, 1969년 온두라스와 엘살바도르의 '축구전쟁(Guerra del Fútbol)'과 같이 국가 갈등이 축구를 통해 전쟁으로까지 확장되는 경우도 있었습니다. 또한 정치인들은 축구를 통해 대중에 영향력을 행사하기도 하였습니다. 한 예로는 아르헨티나에서 쿠데타로 정권을 잡은 비델라(Videla) 장군은 1978년 월드컵을 이용하여 군사정권을 안정시키는 계기로 삼았습니다. 당시 월드컵에서 아르헨티나가 우승하였는데, 이후에는 판정과 관련하여 다양한 의혹들이 제기되기도 하였습니다. 이와 같이 중남미에서 축구는 스포츠 이상의 큰 사회적 현상이라고 볼 수 있습니다.

6. 바이어가 독점권을 달라고 하는데, 어떻게 하는 것이 좋을까요?

중남미 바이어들은 제품에 관심이 있으면 독점권을 요구하는 경우가 많습니다. 그냥 던져보는 이야기일 수도 있고, 정말 관심이 있는 경우도 있습니다.

독점권의 경우 상당히 중요한 문제인데, 한국의 중소기업은 물론 중견기업까지도 독점권 계약을 잘못 체결하여 문제되는 경우가 적지 않았던 것으로 기억합니다. 이는 독점권 계약을 잘 몰라서가 아니라, 중남미 시장과 관례에 대한 이해가 부족했던 것과 무관심도 이유가 될 것입니다.

일단 여러 바이어들을 접촉해 보고 천천히 결정을 해도 됩니다. 그리고 몇 개의 업체가 후보가 되면, 업체의 영업범위와 능력, 시장규모를 보고 결정하는 것이 중요합니다.

첫째, '지역'입니다. 라틴시장은 큰 시장이라기보다, 많은 시장입니다. 작은 시장이 모자이크처럼 되어 있는 시장입니다. 바이어가 어떤 지역까지 영업망을 보유하고 있는지 확인하고, 범위를 정하는 것이 바람직합니다. 예전에 한국기업이 멕시코에 있는 바이어에게 멕시코 뿐 아니라, 중남미 전체에 대한 독점영업권을 주어서 문제가 된 적이 있었습니다.

둘째, '제품'입니다. 한국 업체의 생산 라인업이 다양할 경우, 일괄적으로 모든 제품에 대한 권리를 주기 보다는, 바이어의 전문 분야 제품에 대해서만 특정하는 것이 좋습니다.

셋째, '기간'입니다. 바이어에게 독점권을 인정해 주기 전에 시장 테스트

기간을 정하고, 이후 기간과 최소주문수량(MOQ)을 합의해서 권리 유지 조건을 명시해 놓아야 합니다.

 제품에 따라서는 독점권을 주지 않아도, 독점권을 준 것과 같은 효과가 나는 경우가 있습니다. 대표적으로 의약품입니다. 중남미에서 의약품에 대한 보건부 등록 시, 현지에 법인이 없는 한국기업의 경우 수입자 명의로 등록을 진행하는 경우가 있습니다. 이때는 일단 등록을 하면 독점권을 준 것과 동일한 효과가 발생합니다. 그러니 가급적 등록 명의를 제조사가 가져갈 수 있는 방안을 강구하시기 바랍니다.

 중남미에서는 국가별로 기업에 대한 신용조사 여건이 크게 차이납니다. 대기업이 아닌 이상 정보공개가 잘 되지 않는 국가가 많습니다만, 현재는 유료로 기업정보를 얻을 수 있는 인터넷 사이트들이 있습니다. 또한, 무역보험공사나 코트라를 통해서 알아보는 방법도 있습니다. 바이어와 독점권 협상이 진행될 경우는 바이어 측에 정보제공을 비밀유지조건으로 요청할 수 있습니다.

 직접 현장을 방문해서 바이어 회사의 규모와 관리 상태를 관찰하는 것도 좋은 방법이라 생각됩니다. 특정 분야 기업인들은 바이어의 사무실, 창고, 공장을 보기만 해도 파악이 가능할 것입니다.

7. 왜 서어권(전 스페인 식민지)은 여러 나라로 나누어 졌는데, 포어권(전 포르투갈 식민지)은 브라질 한 국가로 유지되었나요?

이 질문은 비즈니스와 직접 연관되는 것은 아닌데, 중남미에 관심이 많은 분들은 꼭 한 번씩 물어보는 질문 중 하나입니다.

이 문제에 대해서는 많은 역사학자들이 연구를 하고 있는 부분이고, 아직도 의견이 일치되지 않은 부분도 여전히 존재합니다. 2018년 BBC에서 기획기사로 다룬 적이 있는데, 이를 바탕으로 가장 많이 거론되고 있는 네 가지 요인을 소개해 보도록 하겠습니다.

1) 지리적 통치구조적 이유

스페인과 포르투갈 식민지 통치 방식과 지역 간의 물리적 거리가 독립 후의 국가 형성 양상에 차이를 가져왔다는 것입니다.

멕시코 국립 자치 대학(UNAM)의 역사학자(Alfredo Ávila Rueda)에 따르면, 포르투갈이 통치하던 지역은 상당히 넓은 지역으로 보이지만, 실제 대부분의 인구는 대서양 연안의 해안 도시에 집중되어 있었고, 도시들 간의 거리는 스페인 식민지 주요도시간의 거리보다 가까웠고, 지형적 측면에서도 이동이 훨씬 용이했다고 합니다.

통치방식에서도 스페인은 식민지를 크게 4개의 부왕령(Virreinato)으로 나누었습니다. 부왕(Virrey)은 스페인 국왕을 대신하여, 부왕령에서 행정 통치권을 가집니다. 현재의 멕시코 지역인 '누에바 에스빠냐 부왕령(Virreinato Nueva España)', 페루 지역의 '페루 부왕령(Virreinato del Perú)', 콜롬비아-베네수엘라의 '누에바 그라나다 부왕령(Virreinato de Nueva Granada)', 아르헨티나 지역의 '리오 데 라 쁠라따 부왕령(Virreinato del Río de la Plata)'입니다.

중남미 스페인과 포르투갈 통치지역 구분

각 부왕들은 국왕에게만 직접적으로 보고하고 지시를 받았으며, 타 부왕과의 교류는 거의 없었다고 합니다. 또한, 부왕의 통치지역이 넓다보니, 베네수엘라, 과테말라, 칠레, 키토와 같은 지역에는 아우디엔시아(Audiencia)가 부왕으로부터 자율권을 받아 독립적으로 관리되고 있었습니다. 반면, 브라질은 훨씬 더 중앙 집권적이어서 포르투갈 식민지역이 분할되어 독립적으로 통치하는 일은 일어나지 않았다고 합니다.

참고로 중남미 대륙을 두고 스페인과 포르투갈 간의 영토분쟁이 있었는데, 1494년 6월 7일 토르데시야스 조약(Tratado de Tordesillas)을 통해 경도상으로 서경 43도 37분을 기준으로 삼아 새로 발견되는 땅의 서쪽은 스페인이, 동쪽은 포르투갈이 차지하기로 했습니다.

2) 엘리트 계층의 형성 및 변화과정의 차이

두 지역 간의 지역 내 엘리트 형성과 변화과정의 차이를 주목하고 있습니다. 브라질 지도층들은 스페인보다 훨씬 동질적인 집단으로 유지되었습니다. 스페인 식민지 지역에서는 지역 내 대학을 설립하였고 약 23개 대학이 있었다고 합니다. 이후 대학이 있는 도시가 독립운동의 중심이 되어 향후 독립국가 형성에 영향을 미쳤다고 보고 있습니다. 반면, 포르투갈은 식민지에 대학 설립을 허용하지 않았습니다. 대학에 진학하고자 하는 브라질 사람들은 포르투갈로 유학을 가야했습니다. 학업을 마친 후에 식민지 통치에서 중요한 역할을 하였고, 이들은 왕실에 대한 충성심으로 중앙집권화를 유지하는데 핵심역할을 하였습니다.

브라질에서는 식민지 개척을 시작한지 300년이 지난 1808년이 되서야 대학이 설립되었습니다. 이때는, 포르투갈 왕실이 나폴레옹의 침략을 받아 브라질로 피난을 왔을 때였습니다. 이전에는 포르투갈 본국에서는 식민지 대학이 독립의 도화선이 될 것으로 보고 우려하여 대학 설립을 허용하지 않았습니다.

또 다른 차이로는 스페인 식민지에서는 신문, 책, 전단지 등의 언론/출판의 자유가 보장된 반면, 브라질에서는 1808년까지 허용되지 않았습니다.

꼬임브라 대학교(University of Coimbra, Lisboa)

1290년 리스본(Lisboa)에 설립된 포르투갈에서 가장 오래된 대학이며, 전 세계적으로 역사가 깊은 대학으로, 대학건물이 2013년 UNESCO 세계문화유산으로 지정되었다. 식민지 사람들이 이 대학에서 수학한 후 학연을 바탕으로 식민지의 통일성을 유지하였다.

이러한 언론 출판의 자유가 지역 정체성을 형성하는데 훨씬 더 중요한 역할을 했다고 보는 시각도 있습니다.

동시에, 스페인 식민지에서 정치권력과 경제권력이 나눠진 가운데 '크리오요스'(Criollos, 식민지에서 태어난 스페인인)는 대토지를 통한 농업, 광업, 상업, 목축업을 통해 경제력을 축적하면서도, 스페인 태생의 '페닌술라레스'(Peninsulares)로부터 많은 차별을 받았다고 합니다. 이들에게는 공무담임권이 주어지지 않았고, 이런 불만이 각 지역 크리오요를 중심으로 독립운동을 촉발시킨 원인이 되기도 합니다.

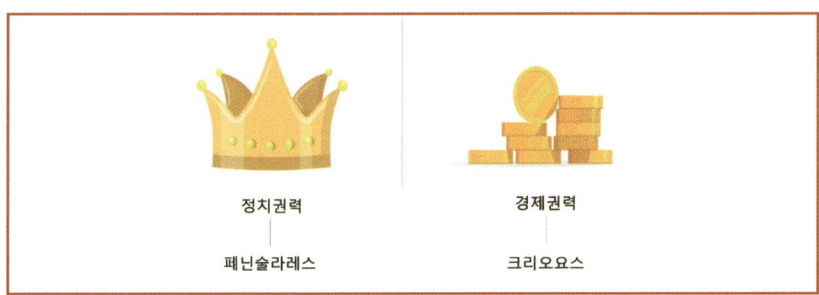

스페인 식민지 권력구조

반면 브라질에서는 정치권력과 경제권력이 대지주에게 집중되어 있어서 다른 계층의 독립 의지와 시도를 미연에 방지할 수 있었다고 보고 있습니다.

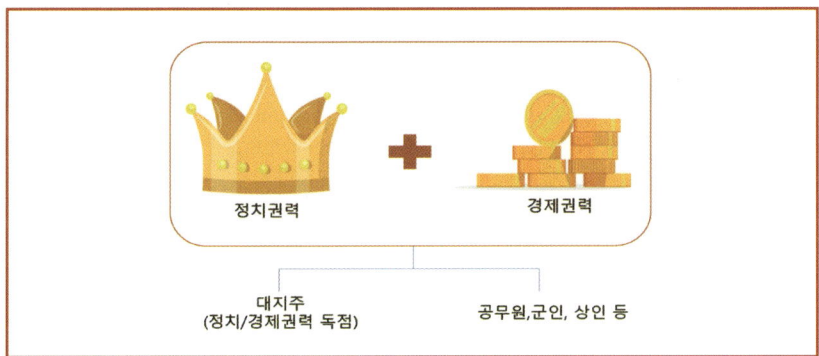

포르투갈 식민지 권력구조

3) 나폴레옹의 이베리아 반도 침공

- 스페인과 포르투갈 왕실의 대응 차이 (권력공백과 정통성)

1808년, 나폴레옹이 이베리아 반도를 침공해 옵니다. 스페인은 점령되어 당시 스페인 국왕인 페르난도 7세는, 나폴레옹의 형인 조제프 보나파르트에게 왕위를 빼앗기게 되었습니다. 이 사건은 중남미 스페인 식민지에서 '권력 공백'을 만들었습니다. 각 식민지 정부에서는 나폴레옹의 명령을 거부하고 자치권을 강화하며 페르난도 7세에 대한 충성심을 보여주었습니다.

1814년 스페인 국왕이 왕위를 되찾은 후, 무력을 사용해서라도 다시 식민지를 복종시키려고 했습니다. 그러나 나폴레옹 침략기간 동안 크리오요들은 성숙한 자치정부 운영 경험을 쌓고, 당시 미국과 프랑스 혁명으로 퍼진 계몽사상의 영향을 받아 스페인 왕실의 차별 정책에 반발하며 독립운동을 시작하게 되었습니다. 독립운동은 각 지역별로 수행되면서 스페인 식민지들은 여러 나라로 분리되어 독립을 하게 됩니다.

반면, 포르투갈은 1808년 나폴레옹의 군대가 포르투갈 침공 후, 왕세자 주앙 왕자가 왕실을 비롯하여 약 1만 5천 명을 데리고 브라질로 피난을 왔습니다. 이때, 도서관, 재무부, 법원, 정부기구가 이전되면서 당시 수도인 리우데자네이루(Rio de Janeiro)는 포르투갈 제국의 정치적 행정적 중심지가 되었습니다. 또한, 브라질에 왕이 주재한다는 것으로 인해 포르투갈 식민지의 통일성을 그대로 유지하는 명분을 제공해 주었습니다. 한 역사

고야의 1808년 5월 3일(El tres de mayo de 1808)

쁘린시뻬 삐오 언덕의 학살(Los fusilamientos de la montaña del Príncipe Pío)로도 알려진 그림으로 나폴레옹의 프랑스 군이 스페인 양민을 학살한 장면을 묘사한 것이다.

학자는 포르투갈 왕실이 브라질로 도피하지 않았다면, 주요 경제도시를 중심으로 5-6개 국가로 분리 독립했을 가능성이 있다고 언급하기도 했습니다.

4) 노예 인구의 차이

마지막으로 언급된 가설은 경제 사회적 요인으로 지역별 노예의 인구규모 차이가 지배계층의 결속력에 영향을 주었다는 것입니다.

브라질도 1822년 독립하게 되었습니다. 보통 독립 후에는 지역별 유력세력들이 분리 독립을 꾀하는 경우가 많습니다. 그러나 브라질의 대지주들과 재력가들은 사회적 무질서에 대한 위협과 군주제 정당성을 들어 중앙정부의 권위를 인정하였습니다. 사실, 경제수준이 높은 리우데자네이루에서는 자치를 넘어선 독립을 원했던 것이 사실입니다. 그러나 지역 지도자들은 지방 자치나 독립이 자신들의 권위를 약화시킬 수 있음을 인식했습니다.

1500년에서 1875년까지의 노예무역에 관한 데이터(Trans-Atlantic Slave Trade Database)를 보면, 스페인 식민지에서는 아프리카로부터 130만 명의 노예를 들여왔습니다. 그러나 같은 기간 브라질에는 486만 명

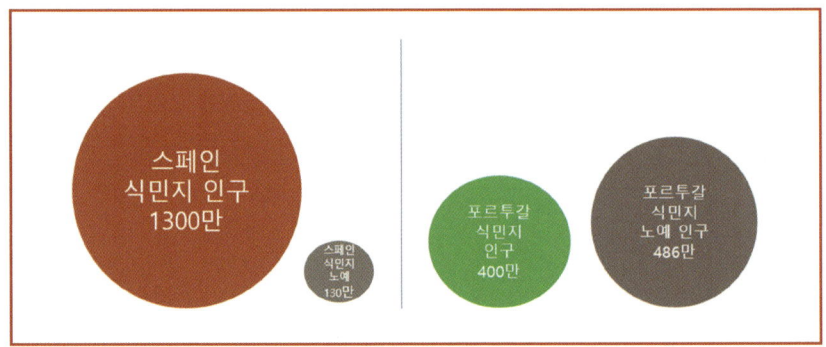

지역별 식민지 자유인 인구와 노예 인구 비교

의 노예가 들어왔습니다. 당시 스페인 식민지의 인구를 보면, 1810년 기준으로 약 1천 3백 만 명이었음에 비해, 브라질 인구는 4백만 명 정도로 추산됩니다.

 카리브 해의 아이티(Haiti)에서 혁명(1791-1804)이 발생하였는데, 당시 노예인구가 백인 자유인보다 8배나 많았다고 합니다. 이에 브라질 지배층은 노예의 인구가 자유인의 인구를 넘어선 상황에서, 지배계급이 분열하면 노예들이 반란을 꾀할 수 있다고 생각하였습니다. 이것이 브라질이 통일성을 유지할 수 있는 요인이 되었습니다.

8. 정말 중남미는 소량주문이 일반적인가요?

맞기도 하고 틀리기도 합니다. 수입업체 규모가 작은 경우는 당연히 재정적 부담과 재고부담으로 주문량이 많지 않을 것입니다. 빅바이어의 경우 초기에는 시장 테스트용으로 소량 주문을 하지만, 재정적 능력과 영업역량이 있으면 대규모 주문도 합니다.

단, 테스트에서 기간이 오래 걸릴 수 있고, 기존 거래선이 있는 경우는 잘 바꾸려고 하지 않기 때문에 거래 개시 후에도 주문량이 크게 늘지 않을 수 있습니다.

9. 되는 것도 없고 안 되는 것도 없다?

이 질문은 앞에서 한번 언급된 것이지만, 다시 한번 부연설명을 드리고자 합니다. 중남미에 대해 이야기 하는 분들이, 중남미에서는 '되는 것도 없고 안 되는 것도 없다'고 하면서 이를 부정부패와 연결하여 설명을 하는 경우가 많습니다. 안 되는 것을 되게 하려면 부정한 방법을 사용해야만 하는 것처럼 생각하는 것 같습니다.

부분적으로 인정할 수는 있지만, 그렇다고 일반화 할 수 있는 것은 아닙니다. 앞에서 중남미에서는 사람과의 관계가 중요하다고 말씀을 드렸습니다. 단기지향적인 성향과 인간관계를 중시하는 문화가 일처리에도 영향을 줍니다. 그리고 그 인간관계는 일처리 단계 단계별로 만나게 되는 사람들과 연관이 있습니다.

제가 해외근무 할 당시 추진하던 큰 사업이 있었습니다. 이를 위해서 한국의 공기업 사장님도 오고, 현지국 정부부처와 MOU를 체결하기로 되어 있었습니다. 주재국에서는 장관이 행사 참석하는 것으로 확인서한까지 받아놓은 상황이었습니다. 그런데, 하루 전에 불참통보를 하고, 대리인 지정도 하지 않았습니다. 이미 한국에서 손님들이 입국한 터라 이 행사를 취소할 수 없는 상황이었습니다. 그때 오후 늦게 정부부처로 찾아갔습니다. 마침 입구에서 제가 알던 다른 부서 고위 인사분을 만났습니다. 그분께 설명을 드리고 부탁을 드렸더니, 유관부서 차관급 인사를 그 자리에서 만날 수 있게 도와주셨습니다. 상황을 말씀드리고 장관님이 어려우면 차관님이라도 와달라고 간곡히 요청을 드렸습니다. 이를 받아들여 이후에 MOU 문구도 수정하고 행사를 잘 마칠 수 있었습니다. 이런 비슷한 사례가 몇 차례 더 있습니다. 모두 알던 지인들의 도움을 받아 해결할 수 있었습니다. 그분들은 지금도 명절마다 인사드리며 가끔씩 안부를 전하며 지내고 있습니다.

 물론 이권이 개입이 된 사업은 양상이 다를 것입니다. 결국은 사람이고, 돈보다 먼저 친구라고 생각됩니다.

10. 정말 가격시장인가요?

중남미는 가격중심 시장이라고들 많이 이야기 합니다. 그런데 제품 구매 시, 원하는 기능을 구현한다는 전제하에 우선적 고려요소는 당연히 가격입니다. 사실 중국이나 동남아에서 저가의 제품들이 중남미 시장으로 들어와서 우리기업의 경쟁여건이 어려워진 것이 사실입니다.

여기도 한국과 상황은 비슷하다고 생각합니다. 중산층까지는 가격경쟁력이 중요하지만, 상류층으로 갈수록 가격보다는 브랜드와 품질이 중요합니다. 한국 소비자나 중남미 소비자나 제품만을 구매할 때는 가격이 중요하지만, 제품이 드러내는 차별성과 이미지까지 구매할 때는 가격이 높아도 구매를 합니다. 중남미에서 한국의 고급 가전제품 판매 실적이 좋습니다.

저가의 다른 브랜드들이 있지만, 이미 기능을 넘은 브랜드 가치에 대한 수요가 생겼기 때문입니다. 중소기업이라도 국가브랜드와 SNS마케팅을 결합하여 예전보다 적은 비용으로 브랜드 가치를 높이는 마케팅 방법을 구사할 수 있는 여건이 되었습니다.

가격 이슈는 타겟 시장과 타겟 고객층에 따라서 달라지는 것인데, 중산층이 두텁지 않고 빈부격차가 큰 중남미의 사회구조가 가격중심 시장을 과하게 대표하는 것 같습니다.

11. 영어로만 소통해도 사업이 가능할까요?

 사실 다시 새로운 언어를 배운다는 것은 쉽지 않은 일입니다. 영어로만 해도 가능은 합니다. 영어를 잘하는 현지인과 소통을 하거나, 통역(영-서, 한-서)의 도움을 받아 소통과 조직 관리도 가능합니다. 영어가 완벽하지 않아도 조직 관리와 업무처리를 잘하는 분들을 많이 봐왔습니다. 특히, 엔지니어링 분야처럼 전문분야의 경우는 현지어가 완벽하지 않아도 업무 추진이 가능한 경우가 많습니다.

 하지만, 현지어를 구사할 수 있다면 역량은 훨씬 배가 됩니다. 이런 이야기가 있습니다. '협상은 영어로, 친교는 서어로', 현지인이나 우리나 영어가 모국어가 아니므로 협상 시에는 영어로 하는 것이 유리하다는 의미이고, 서로 친해지기 위해서는 현지어로 하는 것이 절대적으로 유리하다는 의미입니다. 물론 비공개 정보 수집을 위해서는 현지어로 소통하는 것이 훨씬 유리합니다.

12. 확정된 상담 약속도 재확인해야 하나요?

 예, 어려운 것 아니니 재확인하십시오. 안 하면 안 오는 줄 알 수 있습니다.

13. 중남미 비즈니스 정보는 어디서 찾을 수 있나요?

 중남미에 관련된 정보 중에서 비즈니스를 위해 참고할 수 있는 경제, 산업, 방문 정보 등 한글로 생산되고 무료로 입수 가능한 정보를 중심으로 말씀드리겠습니다. 또한, 대학의 중남미 연구소와 민간연구소는 여기서는 포함시키지 않도록 하겠습니다. 이것은 제가 참고하는 순서와 정보출처일 뿐이며, 다른 다양한 정보원들이 많이 있습니다.

 1) 외교부

- 외교부에서는 다양한 정보를 정기적으로 생산하고 있습니다. 우선 본부자료는 다음 사이트에서 찾아보실 수 있습니다.

    https://www.mofa.go.kr/www/wpge/m_3548/contents.do

    https://energia.mofa.go.kr/

- 이외에 각 공관에서도 다양한 정보를 제공하고 있습니다. 다음 사이트에서는 원하시는 국가의 공관별 홈페이지로 연결이 가능합니다. 국가별로 경제 정세 개관 생활정보 이민정보 영사관련 다양한 정보를 확인이 가능합니다.

    http://overseas.mofa.go.kr/returnInfoPage.do

- 외교안보연구소에서도 각 지역별 심층 조사를 수행하고 있습니다. 다음 사이트에서는 주제별, 지역별로 검색이 가능합니다.

    https://www.ifans.go.kr/knda/ifans/kor/main/IfansMain.do

- 외교부의 중남미국에서는 유튜브 채널(외교부의 라틴광장)을 운영하고 있는데, 여기에도 비즈니스에 참고할 만한 좋은 콘텐츠들이 많이 있습니다.

2) 코트라(KOTRA)

- 코트라에서는 각 무역관별로 정기적으로 경제 산업 정보를 생산하고 있습니다. 또한, 현지 바이어 및 업계 인터뷰를 통한 생생한 현장 정보를 얻을 수 있는 곳입니다. 다음 사이트에서 원하는 국가 및 산업/시장 정보를 검색해 보실 수 있습니다.
  https://dream.kotra.or.kr/kotranews/index.do

- 원하시는 국가의 무역관 정보를 직접 찾아보시려면 다음 사이트를 통해서 들어가시는 방법이 있습니다.
  https://www.kotra.or.kr/kh/ftrader/ftrader.do

- 또는, 검색엔진의 검색창에 '000 무역관'이라고 치시면, 바로 각 무역관 홈페이지로 연결이 됩니다. 여기에는 해외시장뉴스, 국가정보, 오퍼 정보 등 비즈니스에 도움이 되는 다양하고 시사성있는 정보들을 찾아보실 수 있습니다.

- 코트라에서 유튜브 채널(KOTRA TV)을 운영하고 있는데, 비즈니스에 참고할 만한 좋은 콘텐츠들이 많이 있으니 참고바랍니다. 특히, 각 지

역별 진출 전략은 꼭 보시면 좋겠습니다.

3) 한중남미협회

- 한·중남미협회는 한국과 중남미 간의 상호이해와 우호친선을 증진하고, 양 지역 간의 관계를 지속적이고도 체계적으로 정립해 나가며, 경제, 문화 및 학술 분야의 교류를 활성화하기 위한 목적으로 1996년 8월 21일 설립된 민간협회입니다.

- 다양한 세미나, 조사사업 등을 진행하고 있으며, 지역정보를 제공합니다. 회원에게 매일 주요 중남미 뉴스를 보내줍니다.
  http://www.latinamerica.or.kr/

- 또한, 유튜브 채널(K-Amigo 한중남미협회 KCLAC)도 운영하면서 다양한 중남미 소식과 국가정보를 전해주고 있습니다.

4) 대외경제정책연구원

- 대외경제정책 및 세계경제와 관련된 문제를 조사·연구·분석하여 국가 대외경제 비전과 정책 수립을 지원하는 국책연구기관입니다. 여기서 검색창에 중남미 또는 관심 키워드를 넣으시면, 관심 주제에 관한 심층정보를 찾아보실 수 있습니다.
  https://www.kiep.go.kr/

- 그리고 동 연구소에서는 신흥지역(중남미)에 대해서, 다양한 뉴스와 이슈분석, 연구정보, 비즈니스, 지역 및 국가정보를 제공하고 있습니다.

  https://www.emerics.org

- 유튜브 채널(KIEP 대외경제정책연구원)을 운영하고 있는데, '검색'에서 중남미를 검색하시면 중남미관련 세미나 영상을 보실 수 있습니다.

5) 한국수출입은행 해외경제연구소

- 해외경제연구소에서는 국제지역정보, 산업경제정보, 해외직접투자 통계 등을 확인하실 수 있습니다. 중남미 정보는 많지는 않으나, 주요국 신용평가자료 및 해외직접투자정보를 참고하시면 좋을 것 같습니다.

  https://keri.koreaexim.go.kr/site/main/index007

에필로그

오랜 사귐

처음으로 중남미에 대해서 관심을 가지게 된 것은 1987년 MBC에서 방영된 '태양소년 에스테반'이라는 애니메이션을 보게 된 이후이다. 잃어버린 황금제국을 찾아가는 모험이야기와 중남미 문명이 재미있게 다가왔다. 이후에 TV에서 중남미에 대한 프로그램이 나오면 항상 찾아보곤 했고, 아름다운 자연과 열정적인 문화, 친절한 사람들에 대한 이야기를 재미있게 봤다.

스페인어라는 언어는 고등학교에서 처음 접하게 되었고, 매력적인 발음과 아름다운 억양이 매력적으로 다가왔다. 이때부터 라틴음악을 접하기 시작했는데, 루이스 미겔(Luis Miguel), 아르만도 만자네로(Armando Manzanero), 산타나(Santana) 같은 라틴 음악가들과 탱고(Tango), 보사노바(Bosanova), 볼레로(Bolero) 같은 장르의 음악을 좋아하게 되었다.

중남미에 관심이 많아, 대학에서도 스페인어를 전공했다. 대학에서는 언어와 함께, 역사, 문화, 경제, 정치를 좀 더 심도 있게 공부할 수 있었다. 중남미는 몇십 년 전부터 기회의 땅, 잠재성이 풍부한 땅이라고 했는데, 여전히 잠재성이 발휘되지 않는 곳이라는 식의 자조적인 이야기도 많이 들었다.

대학 졸업 후, 중남미로 가기로 결심했다. 직접 가서 보고 싶었고, 그곳에서 기회를 잡고 싶었다. 2004년 멕시코에 도착해 보니, 이전에 생각했던 것과 아주 다른 곳이었다. 현대식 고층건물이 많은 거대한 도시, 부지런한 사람들, 큰 경제 규모, 책으로 배운 문화와 직접 겪은 문화의 차이 등 한국에서 바라볼 때와는 다른 느낌이었다.

공부를 하고 일을 하면서, 친구들과 동료들을 만나게 되었다. 친절하고 착한 사람들이라 잘 지냈던 것 같다. 한 1-2년 지나니 이제 멕시코와 멕시코 사람들을 어느 정도 알겠다고 생각을 했는데, 이후 언어가 좀 더 편해지고, 사회의 모습과 사람들을 알아 갈수록 무언가 내가 가졌던 생각과 다른 것들이 보이기 시작했다. 아마도 이때부터 이전에는 인식하지 못했던 선입관이 깨지기 시작한 것 같다.

중남미 사람들을 알아갈수록 내가 가지고 있는 시각으로는 설명하기 어려운 부분들이 많아서, 어떻게 이들을 잘 이해할 수 있을까 하는 것을 고민하게 된지는 10년이 넘었던 것 같다.

이런 고민들을 모아서 중남미 비즈니스 가이드북 형식으로 집필을 준비하던 중, 코로나로 더욱 중요해진 소통의 문제를 문화적인 시각으로 이야기해 보는 것도 좋겠다는 생각이 들었다.

집필을 위해 여러 자료들을 찾아보니 우리나라에서는 중남미에는 관심이 있었을지 모르지만, 소통 측면에서 중남미 사람들을 알려는 노력이 많이 부족했다는 생각이 들었다. 물론 필자도 그중 한 사람이었다.

왜 그랬을까? 주위 친구를 보면, 밝고 명랑한 친구가 있고, 무뚝뚝하고 말없는 친구가 있다. 무뚝뚝하고 말없는 심각한 친구에게는, 왜 그럴까 하는 마음으로 그 친구에 대해서 관심을 가지고 알아보고 싶은 마음이 들기도 한다. 그런데, 밝고 명랑한 친구와는 함께 노는 것은 좋아하지만, 정작 그 친구를 깊이 알려는 노력은 많이 하지 않는 모습을 발견하게 된다. 아마도, 친해지는 것이 목적이다 보니, 금방 친해진 것처럼 느껴지는 친구에 대해서는 깊이 알려는 유인이 적은 것 같다.

그런데, 그런 친절하고 밝은 친구일수록 더 알려고 노력해야 하지 않을까? 먼저 마음을 열어준 친구이니까. 그 이후에 우정을 쌓아가는 것은 우리의 몫이다.

이번에 함께 나눈 글로 인해서, 독자 분들이 중남미 사람들에 대해서 조금 더 마음을 열고, 이해할 수 있는 계기가 되었다면 성공했다고 생각된다.

더 많은 이야기들과 재미있는 주제들이 있지만, 이 책에서는 다 담지 못하였다. 넣지 못한 원고는 기회가 되면 다음 책을 통해 전할 수 있기를 기대해본다.

오랜 사귐 | **235**

포스트 코로나, 라틴 비즈니스 커뮤니케이션

잃어버린 10년, 다시 시작할 10년

감사의 글

 어려운 상황에서도 항상 힘이 되어주는 아내와 다솔, 예솔, 부모님과 동생, 형님가족에게 고마운 마음을 전합니다.

 항상 응원해 주시고 기꺼이 추천사를 써주신 한중남미협회 신승철 회장님, 대구가톨릭대학교 임수진 교수님, 실비아스페인어의 실비아 전 대표님께 감사드립니다.

 항상 좋은 조언과 격려해주신 김은중 선생님, 이지연 선생님, 황선희 선생님, 민박사님, 마울의 현승미 대표님과 조진현 선배님께 감사의 말씀 전합니다. 또한, 든든한 지지자 공터 출판사의 김종환 사장님, 항상 멋진 디자인을 보여주시는 윤혜진 디자이너님, 교정으로 수고해주신 김미현B님, 멀리까지 와서 프로필 사진을 찍어준 동생 두원이. 그리고 한국에서 새로 생긴 가족 나들목, 동행, 별내초대 식구들 함께 해 주셔서 감사합니다.

 마지막으로 이 책이 세상에 나오도록 해 주신 분들이 있습니다. 이분들이 아니었다면, 이 책은 시작도 못했을 것입니다. 멕시코, 브라질, 에콰도르에서 만난 직장 동료와 상사, 부하직원들, 학교 친구들, 하숙집 아주머니와 주인집 아들들, 바이어와 현지 정부 파트너들, 이웃사촌들, 제 아이들 친구의 학부모들, 단골 식당 사람들, 경비원 등 만났던 모든 사람들과, 이 책을 쓰면서 현지인의 생각과 의견을 이야기해준 친구들(Luis, Silvana, Ethan, Sergio)에게 감사 인사를 전합니다.

참고자료 및 문헌

강미영, 권종욱, World Value Serveys를 활용한 Hofstede 문화차원 측정과 활용에 관한 연구, 2018, Asia-Pacific Journal of Business

김병학, 홍종길, 무역결제방식의 변화에 따른 수출보험제도의 개선방안에 관한 연구, 2006, 통상정보연구

김영신 외, 고성과작업시스템 인식이 이직의도에 미치는 영향에 대한 거래적 리더십의 조절효과: 멕시코 현지 직원의 상사신뢰와 조직정당성 인식의 매개효과를 중심으로, 2019, 국제경영리뷰

김우성, 멕시코 비즈니스 커뮤니케이션의 문화적 특징, 2013, Journal of the Institute of Iberoamerican Studies

김우성, 한국-멕시코 문화 간 비즈니스 커뮤니케이션에 나타난 갈등과 장애요인 연구*, 2018, 스페인라틴아메리카연구

김윤나, 말그릇, 2017 카시오페아 출판사

김정하, Bennett의 상호문화적 감수성 발달모델을 통한 초등 민속표현 제고, 2021, Asian Journal of Physical Education and Sport Science

까를로스 푸엔테스, 라틴 아메리카의 역사, 서성철 역, 1997, 까치

구경모, 중남미인에 대한 한국인의'왜곡된 시선'- 시간관을 중심으로-, 2018, 중남미연구

권기수, 김진오, 고희채, 한국기업의 대중남미 투자진출 성과와 과제, 2009, 대외경제정책연구원

권기수, 고희채, 중남미진출 한국기업의 현지화가 기업성과에 미치는 영향,

2010, Revista Iberoamericana

나탈리 니하이, 끌리는 온라인 마케팅, 2016, 도서출판 길벗

미주통상과, 한-중남미 통상현안 점검 회의 개최, 한-메르코수르 TA, PA 준회원국 가입, 한-칠레FTA 개선협상 논의 보도자료, 2021, 산업통상자원부

박윤주 외, 라틴아메리카의 부패 현황과 정책적 시사점, 2016, 대외경제정책연구원

양춘희, 문화적 다양성이 커뮤니케이션에 미치는 영향, 2005, 유통과학연구

엠 그리핀, 첫눈에 반한 커뮤니케이션 이론, 김동윤, 오소현 역, 2012 커뮤니케이션북스

이성훈, 논쟁을 통해 본 라틴아메리카 사회와 문화, 2019, 한국학술정보

이재혁, 김순선, 한국기업의 브라질 운영모드 선택결정요인: 비즈니스 네트워크 관점의 실증연구, 2015, 국제경영연구

이태훈, 영화콘텐츠의 예술적 상징표현 분석연구 영화 '로마(2018)'을 중심으로, 2019, Journal of Digital Convergence

외교부 공공문화외교국, 수교 60주년 계기 중남미 국가와의 협력 강화 방안에 대한 국민참여사업 결과, 2021, 외교부

유왕무 외 지음, 라틴아메리카 문화의 즐거움, 2014 스토리하우스

조영삼, 김영신, 이재학, 서번트 리더십이 멕시코 종업원들의 이직의도에 미치는 영향: 리더신뢰 및 직무통제의 매개역할, 2018, 조직과 인사관리연구

토마스 E 스키드모어/ 피터 H 스미스/ 제임스 N 그린, 현대 라틴아메리카, 우석균-김동환 외 역, 2018, 그린비출판사

한용택, Bennett의 상호문화적 감수성 모델을 활용한 다문화교육 시안, 2017, 시

민인문학

KOTRA, 중남미 국가정보, 2021, KOTRA

Albert Mehrabian, Silent Messages 1971, Wadsworth Publishing Company

Claritas, The 2021 Hispanic Market Report, 2021, Claritas LLC

Dan Hamilton, David Hayes-Bautista, 2021 LDC US Latino GDP Report, The Latino Donor Collaborative

Edward and Mildred Hall, Hidden Differences 1990, Anchor Books

Fernández Martin외, Saving rates in Latin America, 2017, IDB

Geert Hofstede, Gert Jan Hofstede, Michael Monkov, Culture and Organizations, 2010 McGrawHill

Geert Hofstede, The Cultural Relativity of Organizational Practives and Theories, 1983, Journal of International Studies.

Guillermo Sunkel, El Papel de la falilia en la proteccion social en America Latina, 2006, CEPAL

Hall Edward,T, The_Silent_Language, 1959, Doubleday & Company

Hall Edward,T, Beyond_Culture, 1976, Doubleday & Company

Héctor Pérez Brignoli, América Latina en la transición demográfica, 1800-1980, 2010, Población y Salud en Mesoamérica

INSEAD, The Institutionalization of Family Firms, Latin America, 2019,

Joyce Oslandm Silvio de Franco, Asbjorn Osland, Organizational

Implications of Latin American Culture, 1999, Journal of Management Inquiry

Luís Barrucho, Por qué la América española se dividió en muchos países mientras que Brasil quedó en uno solo. 2018, BBC News Brasil

Octavia Paz, Claude Fell, Vuelta a El laberinto de la Soledad, 1997, Fondo de Cultura Economica, S.A. de C.V

Pablo Farías, The Local Aspect in the Successful Brands in Latin America: Empirical Evidence of Its Prevalence, the Role of Local and Global Companies, and Its Effect on Consumers, 2021, University of Chile

Wu Ming-Yi, Hofstede's Cultural Dimensions 30 Years Later: A Study of Taiwan and the United States, 2006, Intercultural Communication Studies

참고 사이트

https://hi.hofstede-insights.com/national-culture

https://www.mindtools.com/pages/article/newLDR_66.htm

www.worldvaluessurvey.org/WVSOnline.jsp

https://dream.kotra.or.kr/kotranews/index.do

https://www.mofa.go.kr/www/brd/m_20274/list.do

https://energia.mofa.go.kr/

http://www.latinamerica.or.kr/main/

https://www.kiep.go.kr/

https://www.emerics.org

https://peru21.pe/lima/numero-mujeres-policias-aumentara-controlar-transito-lima-155782-noticia/

https://datareportal.com/reports/digital-2021-global-overview-report

https://www.patrimoniomundialdocentro.pt/en/patrimonio/universidade-de-coimbra-alta-e-sofia/

https://dream.kotra.or.kr/kotranews/cms/news/actionKotraBoardDetail.do?SITE_NO=3&MENU_ID=180&CONTENTS_NO=1&bbsGbn=243&bbsSn=243&pNttSn=170633

https://www.migrationpolicy.org/data/unauthorized-immigrant-population/state/US

https://www.washingtonpost.com/news/worldviews/wp/2013/05/16/a-revealing-map-of-the-worlds-most-and-least-ethnically-diverse-countries/

https://www.washingtonpost.com/news/worldviews/wp/2013/05/17/5-insights-on-the-racial-tolerance-and-ethnicity-maps-from-an-ethnic-conflict-professor/

https://prsay.prsa.org/2020/11/20/the-growing-power-of-the-hispanic-market/

https://www.americasquarterly.org/fulltextarticle/madame-officer/

https://www.cnbc.com/2015/05/01/the-top-hispanic-entrepreneurs-in-america.html

https://www.spanish.academy/blog/top-10-most-successful-hispanic-entrepreneurs-in-the-world/

포스트 코로나, 라틴 비즈니스 커뮤니케이션
잃어버린 10년, 다시 시작할 10년

초판 1쇄 인쇄 2022년 4월 25일
초판 1쇄 발행 2022년 4월 29일

지은이   황정한

펴낸이   김종환
펴낸곳   공터
디자인   이미지웍스
등 록   제2017-000007호 (2017년 1월 19일)
주 소   서울시 은평구 진관동
이메일   beareng@empal.com

©황정한, 2022
ISBN 979-11-89098-23-0 (13950)

· 저작권법에 의해 보호 받는 저작물이므로 무단전재와 복제를 금합니다.
· 이 책의 일부 또는 전부를 이용하려면 저작권자와 도서출판 공터의 동의를 받아야 합니다.
· 책 가격은 뒤표지에 있습니다. 잘못된 책은 구입하신 곳에서 바꾸어 드립니다.